QUALITY
SHAREHOLDERS

巴菲特
给投资者的建议

如何识别和坚定持有高品质企业

HOW THE BEST MANAGERS
ATTRACT
AND KEEP THEM

〔美〕劳伦斯·A. 坎宁安（Lawrence A. Cunningham）　著

中国青年出版社
CHINA YOUTH PRESS

图书在版编目（CIP）数据

巴菲特给投资者的建议：如何识别和坚定持有高品质企业/（美）劳伦斯·A.坎宁安著；马林梅译. —北京：中国青年出版社，2023.2

书名原文：Quality Shareholders: How the Best Managers Attract and Keep Them

ISBN 978-7-5153-6822-1

Ⅰ.①巴… Ⅱ.①劳… ②马… Ⅲ.①企业管理–投资–研究 Ⅳ.①F275.6

中国版本图书馆CIP数据核字（2022）第249543号

QUALITY SHAREHOLDERS: How the Best Managers Attract and Keep Them
by Lawrence A. Cunningham
Copyright © 2020 Lawrence A. Cunningham
Chinese Simplified translation copyright © 2022
by China Youth Book, Inc. (an imprint of China Youth Press)
Published by arrangement with Columbia University Press
through Bardon-Chinese Media Agency
博达著作权代理有限公司
ALL RIGHTS RESERVED

巴菲特给投资者的建议：如何识别和坚定持有高品质企业

作　　者：［美］劳伦斯·A.坎宁安
译　　者：马林梅
责任编辑：肖妩嫔
文字编辑：黄　婧
美术编辑：张　艳
出　　版：中国青年出版社
发　　行：北京中青文文化传媒有限公司
电　　话：010-65511272 / 65516873
公司网址：www.cyb.com.cn
购书网址：zqwts.tmall.com
印　　刷：大厂回族自治县益利印刷有限公司
版　　次：2023年2月第1版
印　　次：2023年2月第1次印刷
开　　本：787 × 1092　1 / 16
字　　数：117千字
印　　张：14
京权图字：01-2021-1073
书　　号：ISBN 978-7-5153-6822-1
定　　价：69.90元

中青版图书，版权所有，盗版必究

版权声明

未经出版人事先书面许可，对本出版物的任何部分不得以任何方式或途径复制或传播，包括但不限于复印、录制、录音，或通过任何数据库、在线信息、数字化产品或可检索的系统。

优质绝非偶然，这始终是智慧与努力的结果。

——约翰·拉斯金（John Ruskin）

Quality
Shareholders

目 录

序言　高品质企业与股东基础

2013年，杜邦公司的激进股东，即特里安合伙资金管理公司将矛头对准了自己的母家。特里安公司的掌舵人纳尔逊·佩尔茨将矛头对准了杜邦公司的首席执行官艾伦·库尔曼。在两年的时间里，双方就杜邦公司的集团结构、资本配置、公司管理费用和公司治理等问题进行了多次激烈的辩论，各持己见且互不相让。2015年5月13日，杜邦公司召开年度股东大会。会上佩尔茨提名自己和另三人进入杜邦董事会，但最后佩尔茨却以微弱劣势输掉了此次"战斗"。不久后库尔曼退休，随后经过一系列操作，杜邦公司变成了陶氏杜邦公司。时至今日，我们都很难评价哪一方是"赢家"，包括股东在内。

杜邦公司的股东基础堪称当今美国上市公司的典型，即除内部人士掌握0.3%的股份和激进股东掌握2.7%的股份外，其余股份由指数基金、短期投资者、长期集中型投资者、养老基金、保险公司和个人持有。当今规模最大的10支共同基金握有33%的股份。为了争夺更多的话语权，双方（佩尔茨和库尔曼）都在马不停蹄地游说他们，为此支出的费用高达2300万美元。

3.5%的投票权便可决定胜负，这意味着一两个大股东支持哪一方，哪一方就会获胜。如果库尔曼和她的团队能够培育出一个不同的股东基础，即符合杜邦公司战略构想的股东基础，那么，当杜邦成为被攻击的目标时，股东们自然会联手采取行动，击败对手。

因此一个良好且稳固的股东基础是保证公司可持续发展的关键，增强股东凝聚力就意味着增强公司竞争力和抗风险的能力。

■ 指数型股东

作为非上市公司的高管和董事，我能帮公司决定是否批准申请人成为合伙人。而作为上市公司的董事，我和其他董事都没有这样的权力。尽管任何人都可以购买上市公司的股票，但这并不妨碍公司塑造自己的股东基础，即吸引优质股东加入，同时使其他股东知难而退。事实上，鉴于目前股东的类型多种多样，再考虑到投资的时间长度和承诺水平（commitment levels），塑造股东基础比以往任何时候都更为艰难和更加重要。

上市公司几乎没有办法阻止或排除特定的股东购买或持有股票。在整个20世纪80年代，企业可以溢价回购不受欢迎的股东持有的股票，这种做法被称为"绿票讹诈"（greenmail）。被企业狙击手（corporate raiders）盯上的董事会曾使用过这种方法。但此种做法会背负巨额的税负（股票收益要缴纳惩罚性的消费税），因此近几十年来这种做法几乎已经绝迹了，取而代之的是一种更有效的应对方法，即"毒丸计划"（poison pills）。

只注重短期效益的思维方式仍然是个严重的问题。20世纪90年代中期，沃伦·巴菲特执掌的伯克希尔·哈撒韦公司的一些无赖股东计划购入更多的高价股票，将它们存入信托基金，然后以极低的单价发行零散股权。毫无疑问，这些价格极低的信托产品会吸引短期交易者。长期以来，巴菲特一直在努力培养公司的忠实股东，无赖股东的这一做法无疑会使他的努力大打折扣。

为了防止这种情况再次发生，伯克希尔公司于1996年采用了双重股票策略，即一类股票（A股）作为高端股票继续在市场交易，而具有很少的经济和投票权益的新发行股票（B股）则以较低的价格在市场交易。这样一来，尽管伯克希尔公司无法阻止无赖股东购买股票，但此种策略确实抑制了他们在单位信托计划所需水平之上的购买，并间接击退了短期交易者。

从目前来看，指数型股东，即买入特定指数（如标准普尔500或罗素300指数）所有成分股少量股份的基金，是占主导地位的股东群体。指数基金虽然拥有很少的经济和投票权益，但却为大众提供了低成本的市场回报。

关于他们是否有能力对这些公司的决策发表明智的意见这一问题，目前仍存在激烈的争论。如若公司管理者担忧指数型股东无法给出明智意见，可酌情使用双重投票权、多数股份持有人或追踪股票等策略。

自2000年以来，像佩尔茨这样的激进股东已成为企业股东中一支引人注目的队伍，他们资金充足且组织有序。大多数管理者和董事都明白，要避免成为激进股东攻击的目标，最佳的方法就是成功实施可靠的企业战略，实现企业的繁荣发展。要做到这一点，公司要确保有一个与管理层保持一致、支持公司战略的股东队伍，而不是一个易受激进股东挑衅的股东基础。

许多管理者会利用他们的"头号讲坛"来阻遏与公司理念不一致的股东。在星巴克公司召开的一次股东大会上，霍华德·舒尔茨就对一位质疑该公司招聘政策的股东说，对方应卖掉持有的星巴克公司股票。一位股东质疑卢卡迪亚国民公司实施的"不能保持即放弃"（hold-or-divest）的政策，该公司CEO乔·斯坦伯格在股东大会上也对这位股东提了同样的建议。2014年，唐·格雷厄姆在《致华盛顿邮报公司股东的信》中强调了公司的长期愿景，并且说道："如果您只关心我们的季度业绩，那么您或许应该考虑卖掉这只股票。"

威慑可能是一种有效的策略，不仅如此，本书还探讨了塑造股东基础、吸引长期坚定股东可采用的几十种做法和政策，例如公布长期绩效指标，阐明资本配置政策，实施战略性分拆剥离，制定面向股东的董事选择标准、投票办法和高管薪酬支付方法。管理者可以运用这些工具来吸引和奖励优质股东，塑造优质的股东基础。

"培养优质股东"这一理念并非什么新事物，而是一门经典的艺术。长期坚定的股东都很了解它，精明的管理者一直以来也都在践行它，他们成功地吸引到了优质的股东。

■ 优质股东

在 1958 年出版的《怎样选择成长股》（*Common Stocks and Uncommon Profits*）一书中，传奇投资家菲尔·费雪就把公司比作了餐馆。正如不同的餐馆迎合不同口味的食客一样，不同的公司迎合不同偏好的股东。

1979年，投资者兼总裁巴菲特将费雪的观点向前推进了一步，他的公司通过传达特定的信息来吸引特定的股东。在行动的支持下，信息与股东之间互相匹配，产生了一个自我选择的股东基础。

如今，每一家上市公司的背后是不同类型的投资者，有长期指数投资者、短线投资者、老式的价值投资者，还有无处不在的威胁——激进投资者。他们的口味偏好各不相同。

巴菲特只想吸引他眼里的"优质"股东，即买入大量股份并长期持有的股东。这样的股东把自己视为企业的所有者，他们了解企业，关注长期业绩而不是短期市价。他们与指数机构投资者不同，后者可能长期持有股票，但从不集中持股；他们也与短线投资者不同，后者有时持有大量股份，但从不长期持有。这两类投资者为了解特定企业投入的资源相对较少（不管是哪种资源，时间或者是金钱）。

早在20世纪80年代，伯克希尔公司的股东就几乎全是优质股东了。多亏了巴菲特每年在致股东的信中所做的详细阐述，每年伯克希尔98%的股票不会被转手。从滚动5年期来看，至少有90%的股东会持续持有5年期的股票。几乎所有的伯克希尔股票都被集中型投资者持有。在他们持有的股票中，伯克希尔的股票量是排名第二位的股票量的2倍。

优质股东加盟是伯克希尔成功发展的重要原因。这些股东赋予了巴菲特信任，给了巴菲特长期且充足的经营资金，帮助他把股价提升到了合理水平，并阻止了这家大财团在发展壮大的过程中被激进股东盯上，落得个被分拆的命运。伯克希尔形象地展示了优质股东与卓越的管理者珠联璧合所产生的良好结果。正如本书所示，在美国企业界，这样的例子不胜枚举。重复巴菲特在1979年《致股东的信》中说过的一句话："最终，管理者得到了他们应得的股东。"现如今，尽管指数基金占据了主导地位，伯克希尔依旧拥有大批优质股东。

指数型基金在整个20世纪90年代都算是新生事物，但现在多达40%的公共股权由公开的指数基金或者秘密指数基金（closet indexers）持有。这些基金机构宣称自己具备高超的选股技能，维持着一个庞大的指数投资组合。由于持有成百上千家公司的少量股份，使得指数基金机构无法深入了解持股的绝大多数公司。

短线投资者长期在股市潜行。进入21世纪，他们的持股时间大大缩短。目前他们持有大盘股的平均时间是2~3年，持有小盘股的平均时间不到一年。作为一个投资者群体，短线投资者与长期指数投资者一样，在投资队伍中占据着重要地位，有时他们持有的股份会占到所有股份的40%。由于越来越多的短线交易由人工智能控制，因此在了解持股公司方面，他们也一样不占优势。

短线投资者与长期指数投资者的崛起造成了这部分管理责任的真空状态，激进股东填补了这一虚空。他们控制了大约5%的股份，但随之发起的一系列运动扩大了他们的影响力。

当然，所有的股东都向被投资公司出资，所有人都将获得资本回报。事实上，每个股东群体都有自己独特的价值：激进股东促进了管理层责任的落实，指数型股东使数百万人能够以较低的成本获得市场回报，而短线投资者提供了流动性。

但他们也有不利的一面：激进股东言行过激，指数型股东缺乏对特定公司细节的了解与掌握，短期持有型股东会诱发短期热点。而大量优质股东的存在能够发挥平衡作用，抵消他们的不利影响。

就遏制过于狂热的激进股东而言，优质股东就如同白衣护卫（white squires）。当董事会察觉到激进股东言行过度时，他可以向几个长期持股的大股东征求意见。如果这些股东也感同身受，那么公司一方的力量将会增强。2019年，一名激进股东要求对阿什兰全球控股公司进行"战略评估"，公司马上与包括纽伯格·伯曼在内的多位优质股东进行联系。这些股东随即组成了联合防御阵线，击退了激进股东的进攻。

优质股东研究并关心公司的具体情况，而指数型股东无法做到这一点。指数型股东可能擅长分析动态变化问题，但他们很少像优质股东那样具备深厚的专业知识。指数型股东将其有限的资源用于制定通行的最佳公司治理方案，而不是针对特定的公司制定最佳治理方案。

优质股东的眼光较短线投资者则更为长远。公司要想迅速获利，短期来看依赖短线投资者，但长期获利依然依靠优质股东的长线视野和耐心资本。2009年，联合利华前首席执行官保罗·波尔曼发现，公司的股东都是短线投资者。为了改变股东基础，他开始有意识地培养优质股东。到了2017年，联合利华的优质股东数量已相当可观。

对于管理者和董事来说，拥有大批优质的股东不仅决定了公司的兴衰，而且还决定了个人的成败。当一个规模庞大的优质股东群体对激进股东形成了威慑时，现任管理层面临的冲突就会减少，令其分心的事务也自然会减少；当优质股东根据公司的具体情况而不是既定的方针进行投票时，整个公司都会从中受益。大批优质股东的存在确保公司股价处于稳定且合理的水平，从而保证公司战略的执行周期和执行效果。最后，优质股东的长期集中投资策略也为公司和股东自身带来了潜在的高回报。诚然，大众媒体的报道会让人觉得，被动型指数基金在扣除各项费用后通常能跑赢主动管理型基金。巴菲特曾赢过一个有名的赌约，❶即指数基金的业绩高于对冲基金（至少高于那些收费特别高的对冲基金）。本书将关注点放在那些持有期更长和集中度更高的高质量投资策略上。

■ 吸引优质股东的实践

指数基金的兴起，包括其看似轻盈的投资策略和在投票中的巨大力量，已经挤占了优质股东持有的公司股本份额。当股票的总市值超过30万亿美元时，优质股东所持有的股票份额只占到了13%。

我在本书中对优质股东数量减少这一事实做出了回应，强调了优质股东尚未被发掘的优势，介绍了吸引和培养优质股东的方法。我的目标是扩大优质股东群体，教育现有从业人员，增加吸引优质股东的精英公司和领导者。

成为优质股东并非不可企及，但也需要耐心和勤奋。吸引优质股东也不算太困难，但它也是一项持续的工程。

我在本书中运用了许多数据和重大事件来佐证持续拥有优质股东队伍的公司在瞬息万变的市场中，总会立于不败之地。这类公司遍布各个行业，其管理者的背景多种多样。因此，本书所介绍的实践做法适用于各类企业。其中，来自保险业和以投资者的身份开启职业生涯的管理者最具代表性。

---

❶ 2008年，巴菲特与一位对冲基金经理打赌，赌在扣除各项费用后，标准普尔500指数10年后的业绩会超过该基金经理挑选的任何对冲基金投资组合。这位经理随即挑选了5支收取多重高额费用的"基金中的基金"组成投资组合。从前3年的业绩看，标准普尔500指数落后于该基金投资组合。但到了最后，标准普尔500指数跑赢了它。因此许多人认为，投资指数基金总是比投资非指数基金更有利可图。但这是错误的，指数基金跑赢对冲基金的关键点在于，普通人考虑到风险和费用问题，他们更可能会把积蓄投资于指数基金而不是高成本的对冲基金。

虽然本书中的例子大部分来自北美（加拿大和美国）和欧洲（特别是英国），但其中的见解和分析对全世界的股东和管理者都有启示意义。伴随着指数基金力量的增强，股东分化也成了全球性的现象。不管是在政府持有大量股份的国家（例如法国），还是在家族企业（如法国和意大利）和企业财团（如日本或韩国）持有大量股份的国家，抑或是在多元化的全球利益集团持有大量股份的国家（例如中国），所有的上市公司都面临着这些问题的困扰。

今天的股东群体结构异常复杂，以至于有人说这类似于美国的选举人团制度（the U.S. Electoral College）。这是一套神秘而强大、复杂难懂的制度，精明的候选人必须掌握这套制度的精髓。正如在总统竞选中候选人先要锁定自己的基本盘，然后再寻求摇摆不定的投票人的支持一样，企业领导人也必须首先确保有一个忠实的股东群体，然后再力求获得可能决定结果的其他投票者的支持。不同公司的股东群体结构有所差异，但基本上都是由优质股东、指数型股东、短期持有型股东、长期集中型股东和激进股东组成的。同在政界一样，这些群体可能像加利福尼亚或得克萨斯州一样稳定可靠，也可能像俄亥俄州或宾夕法尼亚州一样摇摆不定。在基本盘相差不大的前提下，这些摇摆不定的群体往往决定了选举结果。

虽然这样的类比很有趣，但政治选举和企业选举之间存在着巨大的差异。政客们受困于他们面向的选民，但董事们能够在时间长度、承诺水平或参与度等重要方面影响股东群体的构成。

吸引优质股东的实践反映的是公司长期的经营理念和以所有者为导向的指导方针。他们涵盖所有的公司事务，从愿景陈述到治理理念、从每年致股东的信到继任计划、从资本配置到高管薪酬等。每一家公司都可以运用这些方法，每家公司都必须根据自己特有的业务和理念调整这些工具。一些公司在实践中可能需要对某些具体方面做出调整，一些公司可能需要转变整体的战略走向。

本书整理了几十家在吸引并培养优质股东方面成效卓著的公司的做法和政

策。可以看到，没有一家公司会遵循所有的政策。将不同的方法进行组合，效果也会有所不同。

让我们回到菲尔·费雪的那个比喻，我们借鉴他对当今股东的划分：大量投资并长期坚守的是优质（五星级餐厅）股东，短暂停留后迅速离开的是短期持有型（快餐）股东，尝试所有口味但不喜欢任何一种的是指数型股东（自助餐）。

每种餐食的味道都不相同，公司在准备菜单时喜欢有较大的灵活性。在总结优质股东特点的过程中，我们发现，优质股东的口味和偏好虽有其特殊性，但也有迹可循，企业领导者应该觉察到这一点并做好相应的准备。即使是在当今股东分化的情况下，优秀管理者也总能与优质股东互相选择和匹配。本书向管理者和股东介绍了实现这一目标的方法。

第一部分
遇见高品质企业

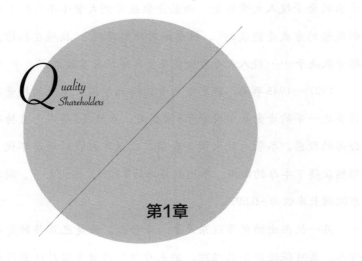

Quality
Shareholders

第1章

选择虽多，原则不变

● ● ●

"宏观经济学之父"约翰·梅纳德·凯恩斯不仅是著名的经济学家，也是一名典型的优质股东。经过多年对市场的观察和亲身实践后，凯恩斯阐述了他的投资理念："我越来越相信，正确的投资方式是对精选出的企业投入大量资金，而且分散投资到大量（不同的）企业来控制风险的方式是错误的"。凯恩斯对此解释说："我现在相信，成功的投资取决于……投入大量资金以及坚定地持有其股票。"

1927—1945年间，凯恩斯负责剑桥大学国王学院的投资事宜。他将多达一半的资金集中投资于5家公司，并且在5年内一直持有这几家公司的股票。尽管身处大萧条和第二次世界大战的动荡年代，凯恩斯仍然获得了丰厚的回报，年均收益率为9.12%。相比之下，同期英国股市的增长率仅为−0.89%。

另一位杰出的优质股东是娄·辛普森。他是巴菲特钟爱有加的经理人，盖可保险前副总经理。伯克希尔公司曾多次对这家汽车保险公司投资，并大量收购和持有公司股份。其中一个很重要的原因就是娄·辛普森个人的投资才华，他既专注又富有耐心。他的投资组合中通常只有8家到15家不同的公司，1982年他投资的公司最多，达到了32家。他持有许多公司的股份长达数十年，并且回报相当喜人。在他任职期间，盖可保险公司的股票投资组合收益率超过了20%，而同期标准普尔500指数的收益率为13.5%。

自凯恩斯时代甚至是辛普森鼎盛时期以来，世界形势已经发生了巨大的变化。但正如另一位传奇投资者本杰明·格雷厄姆所说的那样：选择虽多，原则不变。

■ 股东结构的改变

在过去的几十年里，股东群体规模庞大但结构简单。以1965年为例，股市总市值为1.4万亿美元，机构股东持有4360亿美元，个人股东持有近1万亿美元。其中，共同基金、养老基金和保险公司共持有1000亿美元的股份，占有的市场份额不足15%（三者分别持有360亿美元、430亿美元和210亿美元，所占的市场份额分别为5%、6%和3%）。个人股东也是公司共同利益相关者，即关注长期的公司价值。管理者因而获得了广泛的自由裁量权。

在过去的几十年里，股东变得越来越多元化，他们对管理者的要求也越来越高。股东中既有购买任何股票的指数基金公司，也有每分钟都在交易的高频交易者。一些激进股东指明公司应通过剥离资产实现股东短期收益最大化，一些以社会为导向的激进股东则打着环境、社会和治理目标的旗号提出相关建议。

几股力量促成了股东结构的改变。最大的变化是个人股东的份额不断减小，机构投资者的份额不断增大。自2016年以来，在总市值超过30万亿美元的股市中，机构持有绝大多数份额，其中共同基金持有9.1万亿美元，养老基金持有2.3万亿美元，保险公司持有8110亿美元。这些手握重金的机构投资者是股市中的重量级人物。

在这些机构中，近几十年来发生了三个重大的变化。**最大的变化是，指数基金持有的份额越来越高。**指数基金由已故的杰克·博格尔创立和普及。这类基金在整个20世纪90年代都不太起眼，但到了今天已人尽皆知，博格尔创立的先锋基金也早已家喻户晓。大规模的指数基金公司管理着数万亿资产，份额占美国上市公司总股本的1/4～1/3，甚至更多。1997年，只有不到8%的共同基金是指数基金，但今天，这一比例超过了40%。

第二大变化是，从20世纪60年代中期到21世纪初，股东平均持股期大幅缩短，这表明套利交易、动量策略和其他短期因素驱动的交易在增加。虽然平均持有期一直保持稳定，但这似乎是由于指数型股东的长期持有抵消了许多股东的短期持有。畅销书作家迈克尔·刘易斯在2014年出版的《高频交易员》（*Flash Boys*）一书中形象地描述了这种变化。而且随着算法、人工智能和机器学习等技术的不断进步，这种变化有加速的迹象。

第三大变化是激进主义的兴起。自20世纪50年代吉尔伯特兄弟宣扬这一做法以来，激进的股东就在美国企业界四处游荡。从20世纪70年代到90年代，现任管理者们一直面临着竞争对手、收购者以及像卡尔·伊坎和纳尔逊·佩尔茨这样的"狙击手"对公司控制权的威胁。过去20年里，激进投资者创建公司，汇聚大量资本开展投资，形成了一个庞大的资本池。著名的对冲基金巨头比尔·阿克曼、丹·勒布和保罗·辛格都是其中的佼佼者。

随着机构投资者的崛起和分化，股市中的个人投资者逐渐失去了影响力，但同时他们也出现了多元化的趋势。在个人投资者中，既有小打小闹的散户，也有资金丰裕的老手（被称为高净值投资者）。散户可以使用德美利证券（TD Ameritrade）或者美林（Merrill）等证券公司进行交易。高净值投资者之间也有很大的差异，一些人自行独立投资，而另一些人则通过对冲基金、私募股权公司、银行或者三者的组合进行投资。

此外，并非所有股东都专注于投资带来的经济收益。例如，美国产业工会联合会下属的养老基金为推动劳工议程的股东提案提供建议。公职人员养老基金董事会成员不仅包括政府任命的人员，也有民选人员，他们会一起决定政治事务。劳动者也在掌握他们的劳动所得，他们有话语权。

影响机构和个人股东结构多元化的一个重要因素是税收敏感性。在不同税负下，投资者所做的交易选择可能有很大差别。对税收不敏感的投资者要比对税收敏感的投资者掌握更多的资本。当税率很高时，对税收敏感的个体或机构可能会减少相应的投资。

机构投资者的多元化也表现在投资的战略风格上。这包括投资关注点，如价值、成长或收益，以及投资的目标规模，如小市值股或大市值股。一些基金结合了这些特点，可按大价值股、大成长股、小价值股、小成长股来分类。不止于此，市场上还有其他划分交易风格和理念的方法，比如动量交易者、技术交易者、套利者、日内交易者和高速交易者等。

尽管存在多样性，但优质股东的显著特征并不在此。优质股东的比较优势在于投资的持续时间和集中度方面。他们的持股时间远远高于平均水平，他们的投资组合集中度也远高于平均水平。与他们形成鲜明对照的一个是指数投资者，一个是短线投资者。前者的投资持续时间可能很长，但其投资从来都不集中，后者可能偶尔大量加仓某种股票，但基本不会长期持有。

这种分类体系的源头可追溯至股东结构发生变化的初期。1998年，宾夕法尼亚大学沃顿商学院的布莱恩·布希教授把投资者分成了几类：他把投资期限较短和持有集中度水平较低的投资者称为"短线投资者"（transients），把持有期较长、平均持有水平较低的投资者称为"指数投资者"（indexers）。

还有一种是激进（activist）投资者。他们往往具有较高的集中度，也就是说，他们对看中的投资目标下大注，但他们的持有期较短。尽管从集中度和忠诚度来看，少数激进投资者也达到了优质股东的标准，但大多数激进投资者达不到，而且该群体更好斗，更喜欢公开辩论，这是其与优质股东群体的显著区别。

布希教授总结的最后一类投资者是专注型投资者（dedicated），相当于巴菲特所说的和本书中所介绍的优质股东。

■ 股东界概况

如今的机构投资者面临着指数型或短线投资的巨大压力。基金经理的薪酬与年回报率挂钩，因此能否在给定的年份里跑赢大盘就成为了根本性问题。在这样的环境下，机构投资者一方面要分散投资，另一方面要通过快速的交易获得回报，他们面临的压力无疑是巨大的。因此造成了他们的投资组合中，指数型投资和短线投资比例上升。

我们能从对股东群体相对规模的估计中看到这种环境的影响。不同品牌指数的数量激增，目前至少有60种重要的指数。公开的指数基金轻轻松松就控制了20%的股市份额，如果算上不公开的指数基金，这一比例会高达40%（见表1.1）。

表1.1　当今的股东群体结构

投资期限	投资集中度	
	较低	较高
较短	短线投资者（40%）	激进投资者（5%）
较长	指数型投资者（40%）	优质投资者（15%）

短线投资者众多，反映在股票的高周转率上。在过去的20年里，对冲基金的平均持有期已降至一年以下，而共同基金则降至两年以下。总体来看，短线投资股东群体的持股额可能占总市值的40%。

在2020年3月全球爆发新冠疫情之前，罗素3000指数成分股的总市值约为30万亿美元。其中，规模最大的被动型指数机构占近50%的份额，约为14万亿美元（尽管一些机构也经营选股基金）。养老基金（虽然具有专注性，但更接近于准指数化基金）约占30%的份额，即9万亿美元。激进的对冲基金掌握着1000亿美元或1%的小份额，不过它们可以运用策略改变公司的游戏规则，使其变得对自己有利。整体股票周转率水平较高——股东平均持有期仅接近一年，许多有代表性的股东不再长期持有，短期持有型股东增多。

更具体地说，最大的5家对冲基金（卡尔·伊坎、潘兴广场、第三点、价值行动、特里安）的投资规模可能达到了1000亿美元，而最大的4家金融机构（贝莱德、道富、先锋和富达）管理着14万亿美元的资金。在养老基金中，最大的3支基金（加州公务员退休基金、加州教师养老基金和俄亥俄教师养老基金）资产总额接近1万亿美元，其余份额归优质投资者。然而，即使是这么小的份额也能发挥巨大的影响力。从长远来看，目前规模最大的上市公司的市值为1万亿美元，而许多小规模上市公司的市值大致在40亿美元至100亿美元之间。

从另一极端来看，激进股东所持的份额相对较少。尽管他们在活动中能够巧妙地利用他们的权力，但他们的持股额可能不超过股市总市值的5%。其余部分为优质股东，尽管比例较小——他们的持股额仅占总市值的15%，但其被动员起来后能释放巨大的威力。

■ 优质股东的魅力

虽然每一位投资者都有自己独一无二的投资特点和习惯，但通过比较和观察仍能在几个方面找到优质股东的共性。指数型股东、短期持有型股东和激进股东在这几个方面与优质股东存在很大的差异。

信念：优质股东将自己与企业视为利益共同体。这句话说起来很容易，但是要落实到位，不是一件容易的事情。这种所有权意识需要信念的支撑，体现在深入细致的研究和严谨的决策中。与行业内著名的优质股东——红杉基金管理公司信奉的理念一样：我们从各个角度调查公司，就像一位有魄力的记者脚踏实地开展基础研究，我们为此感到骄傲和快乐。

优质股东将投资视为事业，而不仅仅把它视为证券、现金流或政治工具。那些喜欢思考特定企业（称之为"微观分析"）而不是把股市当作一个整体或者一般的政治经济体（称之为"宏观分析"）看待的人，都会从这种做法中受益。重视企业及其股票与重视建立股票投资组合或一揽子证券之间存在巨大的差异。

耐心：**优质股东善于规避风险**。持续的耐心降低了再投资风险和费用支出。就再投资风险而言，股票出售所得应进行再投资。再投资意味着要在市场上寻找出色的新投资目标，这既耗时又有风险。就费用支出而言，交易和税负是出售股票的直接成本，实际上他们会降低收益率。长期持有优质公司的股票不仅降低了费用支出，而且还可以源源不断获得复利收益。

优质股东进行投资不是为了在任何给定的年份跑赢大盘，而是致力于获得长期回报。由于富有耐心和严格自律，优质股东心安理得。他们不盲目观望指数，也没有紧迫交易的需求，他们青睐的是可大体实现自我管理的低波动性投资组合。

参与：**高质量持股的一个关键部分是，通过提供长期资本，发展和壮大所投资企业的竞争优势**。这一点深受创新型领导者的喜爱，从传统的汽车工业到人工智能和自动驾驶汽车的创新，优质股东为创新保驾护航。优质股东致力于公司长期利益的实现。他们不参与到与公司使命或管理技能无关且狭隘的政治议程当中。

优质股东VS指数型投资者：**指数型投资者相信在有效的市场中，股价会反映未来的前景**。而优质股东不认为数字是万能的，不管是由人还是由强大的计算机算法得到的数字都不能反映所有的信息。被动投资是提供低成本回报的好选择，但不受优质股东的青睐。

研究企业基本信息并给出最佳价值判断的股东会推动有效市场的形成，即市场根据企业价值合理地为其股票定价。同理，由指数型投资者完成的公式化交易越多，股价就越不可靠。对所投资企业进行基本面分析，这对提高股票市场效率是必要的。就这一方面而言，被动型基金正在搭便车。

优质股东VS短线投资者：**短线投资者（活跃或过度活跃的基金经理）则是另一个极端，他们往往相互竞争而不是谨慎地配置资本**。短线投资者为市场注入丰富的流动性，其狂热的行为而非冷静的分析会引发股价波动，使股票价格更容易高于或低于其内在价值。如此多的投资者无法跑赢单纯的指数型投资者（至少在扣除费用后是如此）的一个原因是，他们把太多的心思花在了竞争上。这样的结果也有助于解释很多短线投资者转向指数型投资的原因。许多基金经理都暗地里进行了这类操作，被人们称为"秘密指数化"（closet indexing）。

优质股东拒绝这种投降式的转变。他们坚守更为传统的投资，并且渴望为自身以及机构客户带来最大的长期价值，与优质公司一同成长。正如优质股东巨头百利·吉福德所说："负责任地进行长期投资与给客户带来出色的业绩并不相悖，二者内在相连。"

优质股东VS激进股东：优质股东乐于与管理层接触，通常更愿意在不公开具体事宜的情况下这样做。他们把在公众面前露脸的机会留给了激进股东，尽管他们也会在适当的时候公开发声支持激进股东。毕竟每一次激进运动都为目标企业战略转向创造出了一组独特的条件。

只要激进股东有理有据，有利于价值创造，那么管理层就应当举行一次听证会，倾听他们的诉求。优质股东拥有自己的独立决策能力，他们不会被外部合伙人或者代理顾问的建议所左右（尽管阅读后者的研究可以帮助他们了解各种相关观点）。

撇开互动风格不谈，激进股东也可能是优质的。例如，在忠诚度和集中度方面排名靠前的三个大名鼎鼎的激进股东是：潘兴广场（Pershing Square）、第三点（Third Point）和价值行动（Value Act）。

也就是说，与激进优质股东相比，管理层和董事们更愿意吸引那些非激进的优质股东。事实上，培养优质股东的一个原因就是为了震慑激进股东。而本书的一个重点就是向所有股东展示一名优质股东应具有的特征。

■ 优质股东的优势

大量的研究致力于评估不同持股方法的优劣。例如，投资者和研究者长期以来一直在争论采用价值策略和采用成长策略的投资者哪个更成功。

近20年来，围绕着股票指数化和选股哪个更胜一筹的争论一直很激烈。相关的争论往往进一步延伸到特定类型的指数（按规模、行业或地理位置划分）与将该指数作为基准的选股哪个更胜一筹。

这些争论的源头可以追溯至1997年马克·卡哈特发表的一篇文章，他指出，没有证据表明基金选股人的业绩更优秀。之后开展的研究让人们形成了这样的观点：在扣除各项费用后，一般的主动管理型基金跑输了市场，优异的基金业绩不持久。而且，尽管一些基金经理经验丰富，但在扣除各项费用后，仍能为客户创造价值的基金如凤毛麟角。

但过去20年里股东结构发生的变化，包括竞争加剧和费用降低，催生了一种挑战这些传统观点的新研究。例如，有证据表明，主动管理型基金的业绩确实优于相应的指数基金，一些基金的优异业绩确实得以长期保持，而且有不少具备某些特质的基金经理为客户创造了价值。在这些特质中，就有界定优质股东的信念和耐心。根据这一证据，经验丰富的优质股东也可能系统性地获得较高的回报。企业类优质股东——利瑞可资产管理公司发布的报告称，只要将所有指数中除市值最大的股票之外的股票持有至少5年就能取得优异的业绩。

除了这些学术文献，就相关问题进行争论的畅销书作家也赞同上述观点。比如拉里·斯韦德罗在《消失的阿尔法》（*Disappearing Alpha*）一书中解释了成功的选股变得日益困难的原因。尽管与选股相比，斯韦德罗更倾向于支持股票指数化投资。但他承认，当选股者富有耐心而且能真正精选出优质的股票时（这正是优质股东具备的基本属性），他们的业绩确实非常出色，这是事实。同样，阿尔法建筑师（*Alpha Architect*）博客的杰出编辑韦斯利·格雷是支持指数化投资的传统学术文献的忠实拥趸，他也强调了有利于长期投资者（如优质股东）的证据。

在流行的商业书籍领域，相关的争论已持续了数十年。许多畅销书持续地展示了大学教授们不同的论断。例如，宾夕法尼亚大学教授杰里米·西格尔曾多次表明，买入并持有的策略是有效的。而普林斯顿大学教授伯顿·马尔基尔则在其新版著作中指出，指数化投资才是合理的策略选择。

另一位畅销书作家霍华德·马克斯，其本人也是一位卓越的优质股东，他强调了市场内充斥着过多指数化产品的危险。由于指数产品的管理者从不评估价值，只是根据指数内包含/排除的公司以及公司的相对规模进行购买，因此会导致价格扭曲。人人信赖市场上的价值评估，只有非指数投资者才对价值评估有所贡献。不过，马克斯还是强调了指数化的一大好处，即更多的指数化为优质股东创造了更多的机会。

一些优质股东特别关注那些尚未被纳入主要指数的公司。所有的指数机构都会利用各种标准决定将哪些公司纳入指数、将哪些公司排除在外，最常见的标准是以市值计算的规模（因此就有了标准普尔500指数或富时3000指数）。但在选择排除的公司时也会运用一些不太常见的标准，比如地理位置、资本结构等。

一个突出的例子是博雅价值集团，其在优质股东界赫赫有名，许多优质股东都是其研究报告的订阅者。博雅集团将未被纳入主要指数的公司称为"指数孤儿"。这一群体约有730家这类上市公司，这些公司的市值均超过了10亿美元。其中有60家公司的市值超过了100亿美元，包括互联网公司IAC/InterActiveCorp、艾仕得涂料系统公司（Axalta Coating Systems）、麦迪逊广场花园公司（Madison Square Garden Company）和麦迪逊花园网络公司（MSG Networks）等。

在撰写本章的同时，有成千上万的选股人在争先恐后地搜寻着优秀的企业。

这本书旨在助他们一臂之力，同时也帮助管理者和董事学习如何才能吸引这些选股人的目光（见附录）。

股东类型多样化对公司和市场都有利。事实上，一些股东群体的劣势可能被其他股东的优势所抵消。正如下一章将要阐释的那样，优质股东群体确实能够抵消其他股东群体的不利影响。

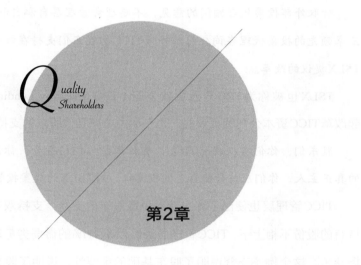

Quality
Shareholders

第2章

比较优势

● ● ●

　　亲爱的TICC股东们：

　　时间紧迫，你们现在必须抓住机会采取行动，终结TICC资本公司（TICC Capital Corp）外部顾问那惨不忍睹的表现。

　　听取外部投票代理顾问的意见，不要理会管理层自私自利的辩解。三家领先的投票代理咨询公司都呼吁TICC的股东们支持在该公司实施TSLX提议的改革。

　　TSLX也被称为TPG专业贷款公司（TPG Specialty Lending）在发起改革TICC资本公司的提议时，也在尽力争取其他股东的支持：

　　股东们，你们有权改变TICC，有权保护你们的投资。你们是公司的真正主人，你们应该行使自己的投票权，对TSLX的提案投赞成票。

　　TICC管理层也使出了浑身解数争取股东的支持，支持双方的股东持有的股份不相上下，TICC管理层最终以不到1%的微弱劣势输掉了这场斗争。这个例子充分说明了股东基础的重要性，说明了股东基础如何影响激进股东和现任管理层的斗争结果。

　　就连市值超过2000亿美元的宝洁公司也发生过激烈的投票代理权争夺战。经过重新计票后，价值20亿美元的44000股股票决定了最终结果，但它们仅占公司总股份的0.0016%。

　　虽然所有股东都能提供资本、流动性和估值，但在当今的形势下，股东的类型至关重要。股东们拥有比过去多得多的权力，他们可以从各个方面行使这些权力。这些权力已经专业化和制度化，具体表现为股东激进主义、只注重短期效益的思维以及代理顾问，这有好的一面，也有不利的一面。

> 优质股东可以抵消短期持有型股东、狂热的激进股东和依赖代理顾问的指数型股东的不利影响。同时，优质股东不会盲从于管理层，他们会积极地与之进行沟通并做出明智的决定。

■ 抵消短期持有型股东带来的时间压力

管理者需要自由活动的空间和资金，重大的公司项目需要花时间来开发、实施和评估，新产品和补强型收购也是如此。无论是着眼于增强消费者体验的战略还是推动行业发展的战略，战略实施的效果通常会在数年而不是在数个季度内显现出来。

股东提供资金，然后让管理者去完善项目和执行战略。无休止的交易或者事后的批评都无济于事，问责制必须得到保持。优质股东尊重权利和责任的平衡。

一个范例是亚马逊网站的股东，他们是创始人杰夫·贝佐斯有意培养的。1997年，贝佐斯将亚马逊以在线书商的名义上市，该公司很快就占领了这一市场，而且在接下来的几十年里，该公司将获得的所有资金都再投资于一系列强大的创新，包括电子书、云计算等。

多年来，该公司一直为获得正收益而努力，即使在盈利时，其利润率也很低，然而股东们却为公司的表现欢呼雀跃。即使在盈利逐期下滑的情况下，由于公司公布了研发投资和长期发展计划，其股价也出现了上涨，这反映出市场对其长期价值充满信心。

贝佐斯从一开始就明确地阐述了亚马逊的长期远景，而且此后从未动摇过，公司股东基础中的核心优质股东也是如此。正如贝佐斯在1997年《致亚马逊公司股东的信》中所写的那样：公司着眼于长期。自此以后，在每年致股东的信中，贝佐斯都会提到这一点。贝佐斯可以不计较过去，重新开始，但成立时间比较长的公司也可以调整方向，着眼于长期。

2009年，老牌公司联合利华的股票周转率与其他跨国公司相当，公司深受大量持有期不足一年的股东的折磨。对CEO保罗·波尔曼来说，较高比例的短期持有会转化为实现季度最高利润和日股价的迫切需求。

联合利华每个季度会公布盈余预测，市场观察人士对此形成了预期。这样的资本市场前景对公司的运营、战略和公报均产生了不利的影响。为了满足这些预期，部门经理会削减研发、信息技术和资本项目的开支。

波尔曼意识到了这种做法的缺陷。他采纳了新的政策，并把这些政策清晰地传达给了股东和市场。联合利华将停止发布季度预测和报告，将不再寻求实现每个季度或每年的利润最大化，而是寻求获得多年的持续利润。这些信息一公布，该公司的股价应声下跌。

但不到两年，其股价就恢复如初了，而且在接下来的8年时间里，其股价持续上涨，公司持续盈利。在此过程中，短期持有型股东离开了，取而代之的是投资集中的长期股东。截至2017年末，也就是波尔曼退休前不久，联合利华最大的50个股东的平均持有期为7年。❶

短期持有型股东给企业带来的压力是真实存在的，它可能导致董事会采取非常规措施。一个颇具戏剧性的例子是2011年空气化工产品公司（Air Products）对艾尔气体公司（Airgas）控制权的收购。随着出价升至每股70美元，艾尔气体公司的股东（包括一些优质股东在内）纷纷抛售了手中持有的股票。由于几乎一半的剩余股份掌握在短期持有型股东手中，艾尔气体公司的董事会担忧，即

---

❶ 联合利华的许多股东都是指数基金，但该公司也吸引了一些令人尊敬的优质股东，例如AKO资本、加德纳公司（Gardner）、鲁索＆加德纳公司（Russo & Gardner）以及霍奇基斯＆威利公司（Hotchkis & Wiley）。

使公司的长期价值更高，他们也会愿意接受70美元的出价。

当董事会试图阻挠空气化工产品公司的收购时，一场官司接踵而至。尽管存在一些质疑（注意到许多长期股东已经把股票卖给了短期持有型股东），法官还是采纳了董事会的意见。不仅法官注意到了这一问题，就连空气化工产品公司自己的专家也承认，即使许多短期持有型股东认为艾尔气体公司的长期价值更大，他们也将以70美元的价格出售该公司股票。

简言之，短期持有型股东可能会根据当前的现金价值做出决定，而优质股东会着眼于长远。他们总是考虑并支持历经多个时段的、利于增加价值的有效管理计划。艾尔气体公司的董事会能考虑到以短期持有型股东的力量击败恶意收购，那么他当然也能评估公司的日常业务，判断如何塑造股东基础。其他公司的董事会肯定也能做到这一点。

■ 抵消指数型股东的不利影响

大多数股东大会的表决都是在走形式，而且通常以较大的优势获得通过，但每年至少有几百次差距极小的投票。一项有关股东投票结果的研究发现，在1997至2004年间，有超过700次的投票结果是由不足10%的差距决定的。

另一项有关公司治理股东提案的研究报告显示，在2003至2016年间，对于那些支持票和反对票不相上下的提案，管理层在付出了相当大的努力后，获胜的次数是失败次数的3倍。这样的结果凸显了管理者提前对这类情形进行谋划的价值。

上市公司会披露大量信息，分析师们会对这些信息进行剖析，然后形成更多的信息。优质股东会定期整理、搜集和分析这些信息，不断更新信息，随时准备对可能出现的任何公司事项进行理智的投票。

相比之下，指数型股东缺乏持续的核验过程。当被持股的公司安排了一次特别重要的投票时，他们会临阵磨枪。他们把其他人搜集的信息与自己的准则进行比较，并在此基础上进行投票。在更为常规的投票中，指数型股东往往根据自己机构现行准则中规定的标准进行投票。

大型指数基金的商业模式是开发广泛的证券投资组合，最小化成本并与指数相匹配。经理的薪酬与基金规模而非业绩挂钩。因此，指数型股东会努力增加资产管理规模。

结果是指数型股东会关注整个市场而非特定公司的需求。只有对整个投资组合（整个指数）有利时，他们才会以股东的身份与公司管理层互动。在这个规模庞大的群体中，几乎所有的投资者都拥有一般性的投票准则。

指数型股东的管理干预必须基于这一前提，即干预对整个投资组合都有利，可能体现在经济业绩上。指数型股东的绩效干预必须基于这一前提，即支持对特定公司的挑战将影响整个投资组合的管理行为。

当然了，大型指数机构也有自己的优势。一些人认为，他们的规模提供了巨大的规模经济和范围经济优势，他们可以快速把握各类公司的问题。其他人则认为，他们增加资产管理规模的动机足以确保其投票是理智的，因为公司的市值越高，指数型股东对它的资产管理规模就越大，收取的费用也就越高，这样的说法不无道理。业内人士及其支持者强调的是大量的幕后互动渠道。他们指的是3家最大的指数机构公布其增加管理人员的方式，甚至有一家机构打算把管理人员的数量增加一倍。

批评者质疑这些说法。当然，就最大化资产管理规模这一点来说，股东并不只想增大规模——把收益留存和部署于次优项目会损害股东的利益。在许多公司，为股东提供最好的服务不是通过增大规模实现的，而是通过发放股利、回购、资产剥离、分拆和其他减小公司规模的方式实现的。

例如，2015年，华盛顿邮报公司剥离了其有线电视一号（Cable One）子公司，并将公司更名为格雷厄姆控股公司。有线电视一号当日的交易价约为每股400美元，如今为每股1500美元。在这一非常盈利的交易面前，比较看重资产管理规模的指数型股东可能会裹足不前。我们将在第二部分讨论资本配置这一话题，这是优质股东们非常重视的一个话题，但目光短浅的指数型股东及其支持者们常常忽视它。

令支持者们感到不安的是，即使是在夸大其词的吹嘘后，与投资的公司的数量和规模相比，这些指数机构的员工数量仍然很少。在最大的指数型投资机构中，贝莱德（BlackRock）的管理人员人数翻了一番，达到了45人，先锋（Vanguard）有21人，道富（State Street）有12人。然而，这些指数投资者在全球持有股份的公司超过11000家，仅在美国，他们持股的公司就至少有3000家。他们每年要在4000多次股东会议上为30000多个提案投票。

以美元计算，这些机构对管理人员的总投入额分别为1350万美元、630万美元和360万美元，还不到他们总费用和支出额比例（1%）的五分之一，也就是说，这部分支出仅占总费用和支出额的0.2%。即使管理人员只关注规模最大的公司，比如说市值超过10亿美元的公司（这样的公司加起来也有数百家），这些机构每年也只能投入2~4人/天来研究这些公司。表2.1展示了一幅严峻的图景。

表2.1　指数型股东有限的股权管理

	贝莱德	先锋	道富
管理人员	45	21	12
在全球投资的公司数量	11246	13225	12191
在美国投资的公司数量	3765	3672	3117
每年投入的人员/时间（人天数）	<4	<2	<2
管理人员费用	1350万美元	630万美元	360万美元
总费用和支出额	91亿美元	35亿美元	26亿美元

我们再来看看另外两家开展投资分析的公司的员工人数。穆迪（Moody）是一家覆盖大量资本市场的债券评级机构，有1.2万名员工。在最大的优质股东

中，资本研究公司（Capital Research）的投资组合涉及7500家公司，还算是规模比较小的。

即使假定这些机构存在巨大的规模或范围经济和增加资产管理规模的动机，许多人也难以相信，他们在资源如此有限的情况下能对成千上万家公司的股东决策提供明智的意见。尽管许多决策是司空见惯的，但至少有相当一部分决策需要具备一定的知识，需要阅读年报和委托投票说明书，需要确认公司的战略规划和以往的绩效，需要了解高管薪酬的构成以及待决的股东和管理提案。然而，有证据表明，即使是大型指数机构也只能访问其投资对象所公布的29%的公司治理文件。

谈到所谓的幕后互动，从其可能性和公开的记录来看，这种方式存在固有的局限性。最大的指数机构报告称，在2017至2019年间，他们每年只与少数被投资方（贝莱德为3.9%、先锋为2.3%、道富为0.6%）有过多次交流，与另一些被投资方（贝莱德为7.2%、先锋为3.5%、道富为5.0%）只交流过一次。换句话说，在这3年的时间里，这些机构与他们投资的绝大多数公司没有任何接触。

尽管如此，大型指数机构仍具有超乎寻常的影响力。3家常被提及的指数基金机构在几乎所有大型上市公司都拥有相当大的股份，通常控制着20%或更多的投票权。因此，对于这类上市公司而言，吸引大量的优质股东加入以淡化指数机构的影响力至关重要。指数机构关注的是整个市场，而不是某家公司。

以美国第一资本金融公司为例，该公司最大的股东包括下列优质股东（括号内的数字分别为持股额占股东投资组合的大致百分比和占第一资本金融公司股份的百分比）：道奇·考克斯【3，9】、资本世界投资者【（Capital World Investors），1，8】、戴维斯精选顾问【6，3】、富兰克林资源【0.6，3】、哈里斯合伙公司【1.4，1.8】、霍奇基斯&威利公司【（Hotchkis & Wiley），1.6，1】。这些优质股东总共掌握着第一资本金融公司近四分之一的投票权，比该公司内最大的指数机构掌握的投票权还要大，这在当今美国企业界实属罕见。

许多优秀的公司则面临着相反的股东结构。以通用配件公司为例，它是一家有着百年悠久历史的汽车零部件分销商，长期以来业绩良好，吸引了优质股东的目光。有30多个股东多年来一直在自己的投资组合中配置1%以上的该公司股票。这一群体总共掌握的投票权比例为11%，这是一个令人印象深刻的群体，预期他们能够为了公司的最佳长远利益明智地使用投票权。但该公司最大的3家指数型股东总共持有27%的股份，另外3家指数机构合计持有10%以上的股份。可以很明显地看出，即使是拥有大量优质股东的优秀公司，其命运也往往由指数型股东决定。

许多指数基金受到了两大投票代理顾问公司提出的集中化投票建议的影响，这两大公司是机构股东服务公司（Institutional Shareholder Services, ISS）和格拉斯·刘易斯公司，他们控制着97%的投票代理顾问服务市场。与大型指数公司一样，这些顾问机构提出的投票建议最适合证券投资组合而不是特定的公司。例如，他们的指导原则通常宣扬某些适合所有公司的规则，如由不同的人担任董事长和首席执行官、实行累积投票制以及股东以书面形式表示同意。

按指导原则投票是必然的，因为这些顾问机构已经捉襟见肘了，尽管情况可能没有大型指数基金机构那么严重。这些顾问机构的人员很少，机构股东服务公司只有1000来名员工，格拉斯·刘易斯公司也只有1200来名员工，人事预算很低。然而，他们服务着一个巨大的市场。机构股东服务公司拥有1700家机构客户，而格拉斯·刘易斯公司的客户总共管理着35万亿美元的资产。他们的小团队每年要针对数十万个不同的决策发表意见——机构股东服务公司每年要在4万次会议上发表意见，格拉斯·刘易斯公司每年是2万次。

要精确衡量机构股东服务公司和格拉斯·刘易斯公司的影响力是很困难的，因为一些投资者投的票跟他们的一样。但是，如果考虑到许多表决结果是由很小的差额决定的，那么我们可以估计出，在任何一次重要的投票中，他们的影响力在6%至33%之间。还有证据表明，机构投资者更倾向于对顾问支持的提案投赞成票——在有关高管薪酬的投票中，票数差距在16%至27%之间，在有争议的董事选举中，票数差距在64%至73%之间。

研究表明，针对特定案例的代理咨询建议通常能为股东增加价值，但不经过具体的研究仅根据一般性的指导原则提出的建议通常没有这样的效果。在这样的情况下，就应该由优质股东来抵消不明智的代理咨询建议的影响。

在2019年瑞银召开的广受瞩目的年度股东大会上，管理层在一项平常很容易通过的例行公事上以微弱优势败北，这让世人对股东的影响力有了新的认识。这次表决的提案是免除董事对公司因诉讼支出的财务损失承担个人责任，对于美国和欧洲的公司而言，这是司空见惯的做法。但在瑞银，这成了一个问题，因为不久之前一家法院裁定，瑞银应该为其唆使高净值客户逃税的行为承担责任。

瑞银的股东们以超过90%的赞同票批准了大多数事项，包括审计师的任命、财务报表、股利和董事会的选举等。但是，由于瑞银的股东中有一批美国投资者，其中许多人长期持有大量股份。当对免除股东责任的这项提案进行表决时，支持和反对的票数几乎相同（42%），弃权票占16%。由于提案需要得到大多数股东的支持才能通过，因此该提案最终遭到了否决。股东们还发起了一项抗议"薪酬话语权"（say on pay）的投票，赞成票的比率略高于81%。

这样的表决结果表明，许多股东遵循了代理顾问公司的建议。关于免责的提案，机构股东服务公司建议投反对票，而格拉斯·刘易斯建议投弃权票。此外，格拉斯·刘易斯也建议对"薪酬话语权"提案投反对票。在对"免责"提案和"薪酬"提案的表决中，与格拉斯·刘易斯意见相同的股东的比例与表决结果相似，前者接近17%，后者约为19%。可以看出，如果格拉斯·刘易斯支持"免责"提案的话，那么该提案的表决结果可能会有所不同。同样，如果投票者中有更多的优质股东而不是遵从代理顾问建议的指数型股东的话，管理层更有可能获胜。

一些股东长期盲目遵循代理顾问的一般性指导原则，到了2005年仍然坚持机构股东服务公司的建议，拒绝沃伦·巴菲特担任可口可乐公司的董事。1988年，伯克希尔·哈撒韦公司收购了可口可乐公司大量的股份，到2005年，这部分股份在该公司的流通股和伯克希尔的证券投资组合中都占了很大的比重。尽管巴菲特与其他股东的利益明显一致，但机构股东服务公司仍拒绝支持巴菲特担任公司董事，声称可口可乐与伯克希尔旗下的多家子公司【包括其客户冰雪皇后公司】存在利益冲突。

巴菲特对此表示反对，他强调指出，伯克希尔在很多公司拥有大量股权，子公司的日常业务交易量根本不值一提。在之后的可口可乐公司董事会选举中，巴菲特获得了16%的支持票，因此再次当选公司董事，但他最终选择了让贤。

我们来看看机构股东服务公司近年来出台的一项规定，即一名董事至多可以在5个董事会任职，担任上市公司CEO的至多在3个董事会任职（包括其所在公司的董事会）。2019年，这一规定导致了对马克尔公司（Markel Corporation）CEO兼董事汤姆·盖纳的推荐未获通过。盖纳在华盛顿邮报公司旗下的两家企业担任董事，也在丹纳赫公司分拆出的科尔法克斯公司担任董事。由于他任职的董事会的数量是4个，因此机构股东服务公司不支持对他的推荐。

机构股东服务公司不赞同对盖纳的推荐是教条主义的体现，他规定的是董事会的数量而非人的数量，忽视了盖纳任职董事会的数量超过了其规定是由于华盛顿邮报公司重组。尽管盖纳是美国最杰出的商业精英，以与巴菲特相似的经营理念和业绩记录而闻名，但却有一半的选票不支持他。相比之下，他在马克尔公司很容易就获得了连任，因为该公司优质股东的密度比较高。

简而言之，就投票表决而言，公司不能过于信赖指数型股东，而是要信赖优质股东，因为他们能够提高投票的质量。

■ 遏制狂热的激进主义

在恶意收购盛行的时期，现任管理层在股东的支持下找到了友好的"白衣护卫"（white squires），包括肯·米勒执掌的罗德斯塔集团（Lodestar Group）、哈里斯联合公司、罗伊·迪斯尼执掌的三叶资本投资者（Trefoil Capital Investors）。然而，现如今，抵御狂热的股东激进主义的最佳措施是吸引优质股东。

许多激进股东发起的代理权争夺战都出现了势均力敌的局面。例如2006年，纳尔逊·佩尔茨以微弱优势当选亨氏公司的董事，2008年，有两场重大选举的票数非常接近，不得不进行第二轮投票——针对CSX的3G运动和卡尔·伊坎对雅虎的干预。

在之前提到的杜邦、宝洁和TICC资本的投票表决中都出现过此类胶着的情形，因此每一位股东的投票都很重要。❶正因为清楚这一点，激进股东在挑选攻击的目标时会考虑其股东的投票倾向。这也为在任者培养可能支持自己的股东基础提供了充分的理由，股东的质量能决定争斗的胜负。

在选择攻击目标时，激进股东主要关注业务质量、定价和增加价值的因素。他们通常只拥有1%或2%的股份，很少有超过5%的。因此，激进股东会调查潜在目标公司的所有权结构，当公司声称大股东可能会反对激进股东的提案时，激进股东便会知难而退。可以看出，一大批优质股东可能形成一股强大的威慑力量。

2018年，埃利奥特管理公司的激进股东表达了对保乐力加公司现任管理层

---

❶ 关于高管薪酬的一些投票结果也很接近，如在默克公司（Merck），薪酬计划以微弱劣势未获通过（49.2%）。在威瑞森电信公司（Verizon），薪酬计划以微弱优势获得通过（50.2%）。尽管大多数兼并案都在股东同意的情况下顺利完成，但在一些兼并案中，仍然存在势均力敌的反对声，如康柏与惠普的兼并和安盛集团与美国MONY集团的兼并，支持与反对的票数相差不到2%。

的不满。保乐力加是一家烈性酒生产商，其16%的股权为家族持有。保乐力加公司的一位优质股东是汤姆·鲁索，管理着加德纳和鲁索 & 加德纳公司120亿美元的资金，其中包括价值8.5亿美元的保乐力加公司股票。汤姆·鲁索公开声称：

> 如果管理层愿意的话，你们今天就能看到一个经典的绩优案例，获得更多的收益，但我认为，我们最好的做法是，以今天的营业利润进行有意义的投资，以换取明天更丰厚的财富。

2019年，阿什兰全球控股公司呼吁一些优质股东对激进股东提出的一项不受欢迎的提案做出回应。持有这家化学公司2.5%股份的对冲基金航运资本（Cruiser Capital）试图罢免4名现任董事，以其提名的4名新董事取而代之。该公司迅速联系了主要的优质股东，包括纽伯格·伯曼，他持有该公司2.8%的股份，而且持有期不少于5年。

经过与优质股东们协商，阿什兰全球控股公司提出了另一种董事会重组方案，这让激进股东的主张失去了支撑，因此很快撤回了提案。该公司同意与其他股东协商确定另两名新的外部董事，而且公司还聘请了一名行业顾问。

理解和欣赏公司商业模式的股东是非常有吸引力的，特别是对那些结构和战略与当下流行的经营理念背道而驰的公司。例如，激进投资者经常大力推荐集中化经营，批评多元化经营，反对企业集团式经营。虽然最终的结果各异，但拥有大量的优质股东有助于管理者缓解压力、赢得时间和增加选择。

以3M公司为例，这是一家规模庞大的企业集团，拥有9.3万名员工，经营着6万余种产品，业务涉及消费、医疗、交通、电子和安全等多个领域。当其他企业集团分拆时，它还在不断扩张。这种逆向策略可能与其专注于研究、开发和创新的独特设计制造文化有关。该公司之所以能这么做，其高密度的优质股东功不可没。其最大的股东，除了指数型股东，共有6家，都是坚定的优质股东，持有该公司近8%的股份。

另一家受益于大量优质股东的集团是伊利诺伊工具公司。这是一家工业集团，经过几十年的收购后，该集团拥有了近800家子公司，以分散的方式经营。2012年，激进股东关系投资者公司（Relational Investors）对其经营模式以及股价滞后于商业价值提出了质疑，认为该集团应该专注于经营某些业务。双方进行了多轮公开辩论，最终达成妥协。相对而言，公司管理层的条件得到了更多的支持。关系投资者公司赢得了一个董事会席位，而伊利诺伊工具公司剥离了30种业务，并在接下来的4年内将其余业务合并到了90个部门中。尽管发生了这些变化，但该公司历经百年的商业模式仍然没有改变。

如果没有尊重和支持公司商业模式的股东，没有CEO斯科特·桑蒂对商业模式的解释和灵活运用，那么伊利诺伊工具公司就不可能成功实现这一壮举。在该公司的股东中，创始家族布里亚尔·霍尔管理（Briar Hall Management）是第一大股东，它持有6%的股份。其他股东既有主动管理的金融巨头，也有被动管理的金融巨头，还有许多对公司的经营和发展大有裨益的优质股东，比如州立农业保险公司（State Farm Insurance）。这些优质股东多年来持有的该公司股份均超过了5%。

反对企业集团的声音仍然存在，2018年初，联合技术公司就成了被攻击的目标。公司管理层耐心地评估了各种选择，研究了近一年的备选方案，最后制订出了一份详细的剥离和收购计划。❶

帮助管理层阻止激进股东图谋得逞的是该公司的优质股东，他们持有的股份比激进股东的高出很多。尽管激进股东的持股额在其资本中占很大比例，但仅占联合技术公司股份的1.62%，而8家优质股东总共持有该公司7%的股份。尽

---

❶ 通过收购罗克韦尔·柯林斯公司（Rockwell Collins），UTX实质上完成了对普惠公司（Pratt & Whitney）国防承包业务的收购，这是航空航天行业历史上规模最大的一次收购。随后，该公司宣布剥离其电梯和空调业务，把奥的斯公司（Otis）和开利公司（Carrier）分离出去。UTX航空航天业务（现在称为柯林斯）的年收入总计为400亿美元，开利公司为180亿美元，奥的斯公司为120亿美元。随后，该公司宣布与雷神公司合并，之后又剥离了其所有非航空业务。

管激进股东持续批评公司的并购交易，尤其是与雷神公司（Raytheon）的兼并，但联合技术公司管理层与优质股东积极联系并取得了他们的支持。管理层看准了持有期长的优质股东。他们说，任何持有时间不少于5年的投资者都应当支持这些交易。

■ 耐心细致，理性决策

当然，优质股东不会一味地支持管理层的提案，他们也不应该这么做，尤其是当管理层和股东意见相左时。以戴尔公司2013年的私有化交易为例，很多股东认为创始人迈克尔·戴尔出价太低了，一场激烈的估值大战接踵而至。戴尔与普信集团和东南资产管理公司（Southeastern Asset Management）这样的优质股东以及卡尔·伊坎这样的激进股东展开了激烈的较量，最终戴尔勉强算是保住了股东投票权。

不能指望优质股东的步调都一致，这正是培养较多的优质股东的一大原因。以保险再保险公司（RenaissanceRe）为例，这是一家总部位于百慕大，在纽约证券交易所上市的再保险公司。时代广场资本（Times Square Capital）是该公司的股东之一，至少从2010年以来一直持有该公司2.4%的股份，而且经常与管理层进行富有成效的互动。但2018年，它公开提议对公司进行战略性审核，这是激进股东常常做出的举动。作为回应，保险再保险公司采取了两个措施：一是将另两位优质股东的股份增加到9%，转变成"白衣护卫"，向该公司长期以来的业务伙伴——州立农业保险公司发行了大量新股权；二是完成了对东京海上控股公司的收购，部分收购款项以股权支付。见此情景，时代广场资本不再进行下一步的行动。

然而，当管理层和股东意见分歧时，优质股东可能比专业的激进股东更有可能开展合作。M&G是一家具有百年历史的英国养老基金公司，也是典型的优质股东。十多年来，他一直是加拿大甲烷生产商梅赛尼斯公司（Methanex Corporation）的最大股东，2019年持有这家公司16%的股份。梅赛尼斯管理层公布了一个庞大的资本项目，要在路易斯安那州建立一个大规模的新生产基地，而且公司借入了大量资金。本质上偏保守的M＆G闻讯表达了对大宗商品价格长期下跌风险的担忧，他认为这种风险不仅可能危及这个大项目的完工，而且可能导致公司破产。

对此，梅赛尼斯公司的董事会主席做出了有力的回应，他告诉M＆G，如果对方不喜欢这一策略，可以出售手中持有的股票。虽然这样的华尔街规则在过去几十年里很盛行，但在有些情况下，却不一定行得通。以梅赛尼斯为例，持有其股票的投资者并不多，M＆G可能需要花几年时间才能售出手中持有的该公司的全部股票。因此，M＆G做出了激进的举动，他为即将召开的年度股东大会提名了4名独立董事（我也是被提名人之一）。这一分歧引发了公开的冲突，不久之后，梅赛尼斯和M＆G同意先任命一名被提名人进入董事会，不久之后再批准另一名被提名人进入。在完成了更多的审核，得到了更多的担保后，该公司继续进行新工厂建设。

这些例子说明，拥有从各个方面了解公司的股东十分重要。优质股东会为了公司的最大利益行事，无论是对管理层提出挑战还是与管理层开展合作。

吸引大量的优质股东可以抵消从"扩音器效应"中获益的其他股东群体的不利影响。正如第三章解释的，这也可以转化为竞争优势，惠及公司的方方面面。

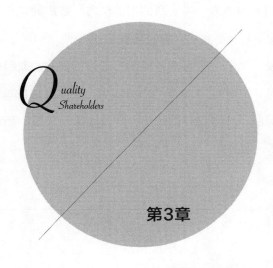

第3章

竞争优势

● ● ●

商业教授迈克尔·波特是研究可持续竞争优势战略的先驱之一，他在1980年出版的《竞争战略》（*Competitive Strategy*）一书一直被视为该领域的经典之作。波特在该书中描述了公司必须抵御的5种力量，即现有竞争者的竞争能力、供应商的议价能力、客户的议价能力、替代产品和服务的威胁及潜在加入者的竞争能力。

波特解释说，由于这些力量是持续的威胁，企业必须创造竞争优势（通常被称为"护城河"）来加强自身实力。优质股东在与公司管理层的互动中，贡献了许多这样的优势，涉及理念、关系、理性、策略甚至继任等诸多方面。

■ 理念

波特认为，在评估竞争优势时，产业结构是一个很重要的考虑因素。在动态的零散型产业中，比如说共享单车或办公场所租赁业，往往有许多容易做出残酷竞争行为、心情急切的竞争者，他们引发的价格大战会侵蚀利润。尽管所有行业都存在非理性的竞争者，但在竞争者比较理性的行业（如寡头垄断的行业）里，企业却容易享受"护城河"的保护，能避免为抢占市场份额引发的价格大战。

要想让管理者抵御这种短视的非理性行为，就必须要有一个理解形势的股东基础，这样的一个群体会在压力下保持耐心。在所有的产业中，优质股东的存在都有助于抵御无所不在的威胁和偶尔爆发的非理性行为。亚马逊及其股东就是一个范例。十多年来，该公司及其优质股东一起经受了许多商业挑战，股东们坚定地与公司站在一起，最终获得了丰厚的回报。一定数量的优质股东会形成一条"护城河"，更多的优质股东则会加深这条"护城河"。

吸引到有耐心的大量优质股东能给公司带来直接的好处。优质股东的存在利于管理层运用战略性而非战术性的竞争举措。许多成功地吸引了大量优质股东的CEO认为，这类股东对维持公司的长期发展前景至关重要。

一个例子是马克尔公司，它是一家总部位于加拿大里士满的第三代保险公司。2016年该公司在致股东的信中说："我们相信，在大多数重视长期性的上市公司中，马克尔公司仍然是独一无二的。这是一个巨大的竞争优势，鲜有组织具有这一优势……我们能够自由行事的唯一原因是，我们的股东给予了我们极大的信任。"

其他公司也强调了类似的观点，即长期的资本供应是一条"护城河"。卢卡迪亚国民公司是一家多元化的控股公司，由伊恩·卡明和乔·斯坦伯格于1979年创立。2014年该公司在致股东的信中写道："我们最大的竞争优势之一是我们长久的资本基础以及我们的长期经营理念，后者是我们的管理团队一直秉持的理念。"

此外，优质股东的耐心会惠及整个公司。当来自股东的短期业绩压力较小时，董事、高管、员工、供应商、战略合作伙伴和其他人可以有条不紊地开展工作，投入必要的时间执行各个环节的任务，包括战略、生产和销售等。❶

汤姆·盖纳领导下的马克尔公司既是管理着大型投资组合的优质股东，也是很多优质股东的吸引者。该公司有意识地培养优质股东群体，称他们为"适宜的所有者（right owners）"。马克尔公司认为这一群体是自身的竞争优势：

---

❶ 将优质股东的培养作为一种产生竞争优势的管理实践类似于将商业方法作为护城河的商业实践，如六西格玛法（Six Sigma）和丰田生产体系（Toyota Production System）减少了制造误差，适时库存使营运资金成本最小化，自主分散的组织结构最大限度地发挥了员工的潜力。

拥有较长持股期的适宜的所有者为我们带来了巨大的竞争优势。当今世界，短期和人为的时间压力影响了公司太多的决策。长远的经营理念和股东的长期持股能让我们在日常经营中做出必要且正确的决策。在决策过程中，我们总是秉持着长久经营的心态，在当今世界这是一种极其罕见的优势。如果没有长期忠诚的所有者，这一切都不可能发生。对此我们深表感谢，谢谢你们！

■ 关系

公司可通过建立强大的商业关系获得相当大的竞争优势，包括与制造商、分销商、供应商、客户和贷款人建立关系。

由于优质股东非常了解他们所投资的公司，并且为这些公司的发展注入了大量的资金，因此理应维护好与他们的关系。优质股东为公司增加价值的一个关键途径是，为公司推荐董事和无偿担任顾问。

看看亨利·辛格尔顿为特利丹公司打造的董事会就能明白这一点，这是很典型的例子。他将麻省理工学院的同学克劳德·香农介绍给了该公司的董事会。事实证明，香农是一位杰出的优质股东和董事。1948年，香农率先发展了现代信息理论，后在麻省理工学院担任通信技术领域的教授，职业生涯异常辉煌。他购买了特利丹公司和他熟悉的其他几家公司的大量股份。

香农从未出售过手中持有的股票，到了1981年，他的投资组合由10家公司的股票组成，其中特利丹公司的股票市值占其投资组合总市值的30%。在特利丹公司的董事会中，香农凭借其深厚的技术知识，尤其是通过审核公司的新收购案，为公司增加了价值。

到1986年辛格尔顿退休时，香农退出了董事会，接替他的是一位杰出的优质股东法耶兹·沙罗菲，他也是特利丹公司股份的长期持有者。近年来，特利丹董事会中比较有名的成员包括西蒙·罗恩，他是优质股东圈里的杰出人物，曾是芒格、托尔 & 奥尔森律师事务所的管理合伙人。该律师事务所由伯克希尔·哈撒韦的副董事长查理·芒格所创建。

再举一个近期的例子。汽车王国公司（Auto Nation）的CEO迈克·杰克逊领导了该公司董事会20多年。这家公司拥有庞大的汽车经销网络，在过去的几十年里吸引了很多知名的优质股东，其中有两位加入了董事会，而且杰克逊认定他们大大改善了公司的业绩。一位是投资者埃迪·兰伯特，另一位是盖茨基金会的迈克尔·拉森，他们都持有该公司15%以上的股份，并且持有期都超过了10年。前者在资本配置方面指导董事会同仁，后者就自我控制、耐心和长期发展的思路提供指导意见。

信用承兑公司（Credit Acceptance Corporation）经营面向次优级借款人的贷款业务，其董事会有两位杰出的优质股东。一位是普雷斯科特普通合伙人公司（Prescott General Partners）的斯科特·瓦萨鲁佐，他持有信用承兑公司10%的股份。另一位是汤姆·特利福罗斯，他在哥伦比亚商学院教授传统的投资基础知识，也持有信用承兑公司10%的股份。信用承兑公司CEO布雷特·罗伯茨证实了他们在董事会提供服务的持久价值，他在2007年致股东的信中介绍了特利福罗斯如何从投资者的视角帮助管理层认识到这一点，即所有的企业决策都必须用最低资本回报率进行检验。

许多善于吸引优质股东的公司都任命了一些优质股东担任董事。伯克希尔·哈撒韦于2005年任命第一曼哈顿公司的桑迪·戈特斯曼担任董事。自1966年以来，他一直是排在沃伦·巴菲特之后的伯克希尔第二大股东。史蒂夫·斯科奇默是一位杰出的加拿大投资者，数十年来持有星座软件公司（Constellation Software）大量的个人股份，该公司任命他为董事，自2006年公司上市之后一直受益于他对董事会提供的服务。恩斯塔集团多年来一直让杰出的优质股东查克·阿格拉担任董事。

自1976年到2013年出售其旗舰报纸为止，华盛顿邮报公司节省了近10亿美元的养老金成本，这归功于著名投资者桑迪·戈特斯曼和比尔·鲁恩提供的明智投资建议。这两位专家是由公司最早、最受尊敬的优质股东巴菲特引荐的。

当费尔法克斯金融公司在某个估值问题上需要得到专家的建议时——交易的另一方是由普莱姆·瓦萨担任CEO的公司，它得到了大股东、杰出的优质股东约翰·邓普顿爵士的帮助。瓦萨称邓普顿是"投资咨询业的大师"。2017年，邓普顿的侄女劳伦·邓普顿加入了费尔法克斯的董事会。

东南资产管理公司的优质股东梅森·霍金斯这样描述优质股东和被投资公司董事会的关系：我们的投资团队将我们投资组合涉及的公司的管理团队和董事会视为合作伙伴，我们与他们精诚合作，确保为股东带来最大的长期价值。

■ 理性

从几个方面来讲，与商业价值合理挂钩的股价可能是一笔巨大的资产，包括收购业务、补偿员工，而且在股东必须卖出股份时它能促进公平定价，使其得到合理的收益（或损失）。尽管对市场效率的高低（即价格接近价值的程度）存在激烈的争论，但挂钩最紧密的公司与差距最大的公司相比具有明显的优势。

股东群体对于他们所持股票的价格水平有不同的偏好。短期持有型股东通常喜欢以尽可能高的价格即时出售股票以获得最大的利润；指数型股东倾向于以最高的合理价格出售，因为他们认为价格和价值大体相等；而优质股东通常对即时出售不感兴趣，他们适应了股市的波动，更喜欢最能体现公司内在商业价值的股价。

许多管理者也喜欢最高股价，并将其视为衡量自身业绩的指标，认为股价越高越好。不过，尽管他们经常抱怨自己公司的股价过低，但实际上，股票定价过低和过高的可能性一样大，而且两者皆不可取。

定价过低和定价过高都会产生相应的问题，例如当以股票作为员工的薪酬或以股票支付收购款项时，就会出现多付或少付的问题。然而，定价过低的股票至少为价值提升的公司提供了回购股票的机会。定价过高带来的补偿好处则微乎其微，更糟糕的是，定价过高还可能会吸引空头的目光。这是一种解决市场定价失误的次优方案，也给企业管理者造成了困扰。

事实上，如果以贬值的股票支付员工薪酬或者收购企业，当接受者知道了真正价值时，他们之前良好的感觉很快就会消散，甚至会有吃亏的感觉。当被低估的股价得到修正时，股东们会欢呼雀跃，而当被高估的股价得到纠正时，股东们会憎恶这一切，往往会在抛售压力下做出过度的反应，从而导致股价大幅低于其价值。

近几十年里一个引人注目的例子是戴尔公司。[1]在2002至2007年的大部分时间里，戴尔股票的业绩一直优于大盘。但到了2006年中期，股东们开始抛售这只股票，其股价暴跌，而此时大盘仍在上涨。

理性的抛售是对戴尔过时的商业模式的反应，但价格下行的压力促使持有者进一步抛售，因为他们认识到，戴尔的股价被大幅高估了。随着各路投资者纷纷抛售，动量交易者（momentum traders）也开始跟进，由此形成了毁灭性的螺旋式下跌，抹去了这只股票过去5年里累积的所有收益。

被以虚高的股票支付薪酬的员工们变得怒不可遏。联邦当局最终认定，该公司为了满足市场过高的预期而调高了利润，从而导致股价虚高。

另一个警示人们股价过高具有危害性的生动例子是2000年的科技新贵美国在线（America Online）对传媒巨头时代华纳的收购。规模小得多的美国在线斥资1120亿美元收购娱乐业巨头时代华纳，这在当时被誉为"惊世之作"。然而，当人们发现美国在线的价值被严重高估时，这次收购很快以巨亏和分家告终。

一则有关这次兼并的新闻似乎有助于管理者铭记理性股价的意义。"现在时

---

[1] 戴尔和美国在线时代华纳的例子都受巴鲁赫·列夫（Baruch Lev）提出的方法的启发，见巴鲁赫·列夫，《赢得投资者》（*Winning Investors Over*）一书。

代华纳一方的员工对美国在线的兄弟部门的怨恨正在损伤公司的合作能力，而整个公司里焦躁不安的高管们也成了对公司不满的股东们的代言人。"最先支持美国在线与时代华纳交易的总裁杰拉尔德·莱文和斯蒂芬·凯斯都在股价虚高的股票交易余波中辞职了，他们的名誉无疑受损严重。

长期的实证研究普遍发现，指数型股东会推动股价上涨，这是供求关系变化导致的，因为指数型股东会自发购买股票，推动股价高于其价值。早期的证据显示，这类股东推动的价格涨幅为3%至9%。另外，有许多证据表明，这种价格效应并非暂时的想象。尽管最近的研究表明，这种效应会随着时间的推移而减弱，而且以重要的指数为基准的指数型股东导致的这种效应也比较弱，但是，管理者和董事们在决定公司指数型股东的最佳数量时，还是要考虑他们对市场造成的永久性的扭曲。

有证据表明，优质股东占主导地位的公司的股价波动比较小，其股价与商业价值的联系也更为合理。本·格雷厄姆曾把短期的股市比作投票机，把长期的股市比作称重机，这个比喻很有名。把他的观点更新一下，我们可以说今天的投票主要是由指数型股东和短期持有型股东完成的，而称重是优质股东做的事情。

■ 战略

当代最显著的一大竞争优势就是网络效应，当一个系统的价值随着更多的人使用而增加时，这种效应就会显现出来。大多数情况下，网络效应能给客户带来实实在在的好处，就像过去的传真机和当今的社交媒体一样，像易贝（eBay）这样的拍卖网站就是从网络效应中获益的典型例子。更多的卖家提供更多的产品吸引了更多的买家，更多的买家又会吸引到更多的卖家，如此往复循环。

优质股东网络也具有这样的特点。作为一个群体，优质股东更关心其他股东的身份。优质股东越多的公司，越有可能吸引到更多的优质股东，公司可以利用更广泛的优质股东生态系统。在这一系统内，成员之间通常相互了解，彼此认识。在股东大会、投资者大会和其他聚焦于集中的长期投资理念的聚会上，他们常常碰面。对公司而言，由此产生的网络效应增强了包括高密度优质股东基础在内的所有优势。

拥有消费者品牌是竞争优势，因为这表示了顾客欣赏和认可相关产品的质量。当企业始终不渝地坚守长期忠诚的股东认可的价值观时，吸引优质股东的企业声誉也会成为它的一大竞争优势。

许多公司成功地在消费者和股东心目中积累了良好的声誉，比如哈雷·戴维森公司的股东们乘坐大篷车参加股东大会，丘吉尔·唐斯公司的股东们在一年当中享受许多赛马比赛。还有各种各样的公司，他们的品牌和所有者都重视可持续发展承诺，比如巴塔哥尼亚公司和班杰利公司。

被视为卓越品牌最佳守护者的经理人和优质股东密度排行之间也存在密切的联系。在荣登全球品牌守护精英榜的美国经理人中，总共有38位高管，除一位外，其余高管任职的公司在吸引优质股东方面均名列前茅。其中的12家佼佼者分别是：亚马逊公司、联邦速递公司、宝洁公司、思科公司、家得宝公司、联合健康集团、迪士尼公司、IBM公司、维萨公司、雅诗兰黛公司、强生公司、沃尔玛公司。

由于几乎每家公司都在进行收购，因此他们在收购市场的优势为他们创造了巨大的经济价值。尽管大多数卖家都寻求以最高价卖出，但一些卖家也看中买家的无形价值，至少在买家报价比较接近时是如此。

公司可以通过累积以永久的承诺为荣的声誉来获得收购优势，伯克希尔·哈撒韦公司就以这样的做法闻名天下，其他数十家公司也纷纷效仿，尤其是正在不断扩大商业投资部门的其他保险公司。虽然这样的声誉可通过之前的卖家之口进行传播，但通过一大群支持长期经营的优质股东之口进行传播，效果可能更佳。伯克希尔和其他类似的公司都通过这两个途径维持了自己的"护城河"。

■ 接任

当一位优秀的总裁离职时，其空缺会在股东、员工和客户之间造成不确定性。投资者会变得焦躁不安和不耐烦，这会导致股价波动。优质股东支持接班的继任者，但接班往往需要时间，还可能不顺利，需要股东坚定的支持才能成功。

若是有优质股东的支持，管理者接任时就会出现良性循环。高密度的优质股东能够帮助公司更好地管理接任过程，而管理接任过程比较顺畅的公司反过来也能吸引到大量的优质股东。有两家公司的接任过程很好地说明了这一点。

1991年，唐·格雷厄姆接替其母凯（Kay）担任华盛顿邮报公司的总裁一职，凯之前为公司吸引了一大批优质股东，包括巴菲特的伯克希尔·哈撒韦公司。在随后的几十年里，年轻的格雷厄姆成功地保留并扩大了优质股东队伍。截至2005年，持有该公司大量股份的优质股东包括很多大名鼎鼎的公司，如伯克希尔·哈撒韦公司、戴维斯精选顾问公司、第一曼哈顿公司、富兰克林资源公司、加德纳公司、鲁索 & 加德纳公司、哈里斯联合公司（橡树基金）、地平线动力学资产管理公司、克林根斯坦·菲尔兹公司（Klingenstein Fields）、马克尔公司、马萨诸塞金融服务公司和红杉基金管理公司。

然而，进入新世纪后，该公司面临的经济形势日益恶化。在其旗舰纸质报纸与数字及互联网竞争对手的对决中，该公司落败了，除此之外，他还要抵御外界对其营利性教育业务的猛烈政治攻击。看到日益式微的竞争优势，该公司的一些优质股东开始退出，其他股东则表达了担忧之情。

在这段艰难的时期，公司出售了《华盛顿邮报》的报纸业务，同时出售了有名的经典杂志《新闻周刊》（*Newsweek*），随后该公司剥离了旗下的旗帜电视台（banner television station），以换取伯克希尔·哈撒韦持有的华盛顿邮报公司的股票。之后他开始剥离主要的有线电视子公司美国第一有线电视公司，并最终通过与普渡大学建立合资企业的方式收缩了营利性教育业务。整个过程历时4年，最终公司更名为格雷厄姆控股公司，规模要比原来小得多。

在公司业务及其股东基础发生重大变化期间，格雷厄姆和董事会启动了接任程序。格雷厄姆（Graham）出任非执行董事长一职，董事会认命了他的孙女婿——33岁的在线营销企业家蒂姆·奥肖尼西做他的继任者。

格雷厄姆领导下的公司与奥肖尼西领导下的截然不同，旗舰媒体资产和大量教育业务已被剥离出去了。现有业务的持续性要小得多，但更加灵活和以技术为导向。格雷厄姆在2014年致股东的信中详细介绍了公司的重大变化及他和奥肖尼西的贡献。他写道：

格雷厄姆领导下的公司和奥肖尼西领导下的公司有一个共同点：我们关注的都是格雷厄姆控股公司的股票。我执掌公司时，这部分资产占家族资产的90%以上。我们想让股票变得更有价值，这对我们和你们（我们的股东/合伙人）都有益。蒂姆的投资重点将与我的有所不同，但我们有一个共同点，即着眼于长远。

如今，信托管理公司（Fiduciary Management）、东南资产管理公司和华莱士资本（Wallace Capital）等优质股东都持有格雷厄姆控股公司可观的股份。这个案例揭示了良性循环的好处，即优质股东帮助格雷厄姆控股公司完成了转型，包括接任过程。从此以后，他们的持续支持就一直在助力该公司前行。

第二个戏剧性的接任故事发生在卢卡迪亚国民公司。在伊恩·卡明和乔·斯坦伯格执掌该公司的几十年时间里，这家公司一直受到优质股东的青睐。这两位领导于1978年上任，到了2010年，他们开始考虑接任事宜。在权衡各种方案时，他们发现了一个前景光明的方案。

卢卡迪亚国民公司与投资银行杰弗里斯（Jefferies）保持着长期的合作关系，与其领导人里奇·汉德勒和布莱恩·弗里德曼保持着良好的职业友谊关系。尽管两家公司的业务分属不同的领域，但存在某些重叠，在资本配置和股东管理等根本性问题上，几位领导人的看法一致。他们选择的继任方案涉及结构性的转变：将卢卡迪亚和杰弗里斯合并，将卢卡迪亚的老将们安置在董事会，而杰弗里斯的团队负责行政管理事务。

杰弗里斯是一家新兴的投资银行公司，其文化与卢卡迪亚多元化控股公司的文化截然不同。两家公司合并的消息一公布，媒体报道和分析人士都以商业模式有冲突为由表达了不满之情。卢卡迪亚的许多优质股东出售了他们持有的股份，有的是在一两年内出售的，包括阿克瑞资本（Akre Capital）和马克尔公司，还有一些优质股东是在几年内逐渐出售的，包括费尔霍姆（Fairholme）、第三大道（Third Avenue）和推迪布朗公司（Tweedy, Browne Partners）。

一些实力雄厚的公司减持了股份，如麦克和奥利弗公司（Mack & Oliver）从770万股减持至170万股，第一曼哈顿公司从660万股减至210万股。一些股东则增加了股份，包括勃艮第资本公司（Burgundy）、波士顿合伙公司和姆拉兹·阿梅林公司（Mraz Amerine），还有一些优质股东是在两家公司合并后被吸纳的，包括百利·吉福德、巴罗·汉利和第一太平洋公司。

出售了卢卡迪亚股票的股东似乎不愿意做一家大型华尔街投资银行的所有者。这类银行通常在繁荣时期遮盖了风险敞口，而在萧条时期又不合时宜地暴露了风险敞口。但有些人认为这是一种过度反应，因为其经济状况甚至文化都是吸引优质股东的因素。

在CEO里奇·汉德勒的领导下，杰弗里斯投资银行的业绩非常出色。从1990年到2012年间，该公司每股账面价值的年复合增长率为14.2%，这一时间段涵盖几个市场周期。其业绩如此出色的主要原因在于：一是该公司的杠杆率不高，即使是在信贷危机爆发前竞争对手疯狂出击的那几年里也是如此，投资银行鲜有能做到这一点的；二是该公司拥有优质资产，这些资产大多是在场内交易而非按模型计价的。

卡明和斯坦伯格判定，杰弗里斯投资银行是他们一生缔造的最美好的家园。他们的计划之所以能大获成功的原因，是他们一直在努力吸引优质股东加入。正如吉姆·柯林斯在1991年出版的经典大作《从优秀到卓越》（*Good to Great*）中明确指出的那样，卓越的管理者在离任之前会为公司的未来发展做好谋划，奠定基础。除了挖掘特殊人才，培养一定数量的优质股东也是这些管理者优先考虑的事项。

现在我们已经了解了优质股东给企业带来的竞争优势和比较优势，下一部分我们将讨论吸引优质股东以及与他们沟通的最佳方式。

Quality Engagement

第二部分
识别高品质企业的
七项关键指标

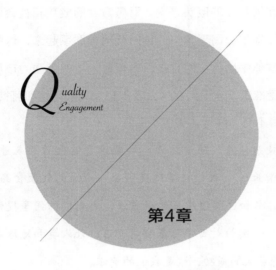

Quality
Engagement

第4章

公司信息

● ● ●

　　2006至2018年担任百事可乐公司CEO的英德拉·努伊相信更好的工作表现能使工作得到更好的发展。当她升任CEO一职时，她为百事可乐公司引入了"目的性绩效"这一新信条。她认为，对于百事可乐公司这一零食和饮料业的巨头来说，财务方面的成功和社会责任密不可分。努伊巧妙地把公司理念与一种时代精神联系起来，这种时代精神不仅在股东群体中盛行，而且在百事招募人才的劳动力市场和主要客户群中也广受推崇。意识到有这么多年轻人关心环境和可持续发展，百事可乐也不得不努力践行。努伊写道：

　　目的性绩效意味着，通过为人类和地球更健康的未来进行投资，实现可持续的增长……我们将继续提供令人愉悦的健康食品和饮料，找到降低能源、水和包装使用量的新方法，为我们的同事提供一个很棒的工作场所……因为对百事可乐公司而言，让人类和地球在未来变得更健康意味着巨大的成功，这是我们的承诺。

　　努伊成功地让百事公司的信条变得家喻户晓，因为她在公开露面或接受采访时会适时地宣扬这一信条。

　　公司的信息可以通过多种方式传达。有些公司采用简洁的使命陈述，有些公司则使用要点式的所有者手册。许多公司在成立之初就将其信条铭记于心，而另一些公司则在成立一段时间之后才这么做。公司可以在网站上公布正式的使命陈述并通过致股东的信或年报自然而然地透露。虽然媒介可以多种多样，但内容至关重要，内容正是培养优质股东战略的出发点。

■ 准确表达公司理念

这里介绍有关公司信息的一些经验法则。要确保信息适合公司、有自己的特色，要确保信息真实可靠，而且要确保向所有的利益相关者（包括员工、客户和股东）传达了正确的信息。

为了向股东提供伯克希尔·哈撒韦公司的信息，巴菲特编写了一本所有者手册，在里面列出了15条简短的主张。这本手册内容充实、全面，清晰易懂，包含了许多吸引优质股东的观点，包括对长期目标的重视和对合理股票定价的渴望。下面就是从这本手册中选出的几点：

- 虽然组织形式上是公司制，但我们以合伙制的态度行事。

- 与伯克希尔所有者的取向相一致，大多数的公司员工都将他们大部分的个人资产投入于公司。

- 我们的长期经济目标是使每股的年均内在价值最大化。

- 账面结果不会影响我们有关经营和资本配置的决策。

- 我们以股东每留存1美元，每股价格至少提高1美元的标准衡量留存收益政策。

- 我们将公正地向你们提供报告，包括对估价有重要影响的所有正面的和负面的信息。

一些公司采用了能经受住时间考验的信条，其中最持久、最著名的是强生公司。这一信条是由长期担任董事长一职、来自创始家族的罗伯特·伍德·约翰逊亲自撰写的，自1943年该公司上市以来，这一信条一直维持不变。

强生公司信条中最值得注意的是其优先级的排序，依次是客户、员工、社区，之后才是股东。大篇幅的节选如下：

我们认为，我们首先要对病人、医生和护士、父母以及所有使用我们产品和服务的人负责。我们必须不断努力为他们提供价值，降低成本，保持合理的价格。我们的商业伙伴必须有机会获得公平的利润。

我们对在世界各地开展工作的员工负责。我们必须提供一个包容的工作环境，每个人都必须被视为一个个体。我们必须尊重他们的多样性和尊严，认可他们的优点。我们必须为员工的健康和福利着想，帮助他们履行家庭和其他个人责任。我们必须选派非常能干的领导人，他们的行动必须是公正和有道德的。

我们对我们生活和工作的社区以及国际社会负责。我们必须在世界上更多的地方提供更优质的服务和护理，提高人们的健康水平。

我们必须做国家的好公民，支持善举和慈善事业，改善健康和教育环境，承担我们的纳税义务。我们必须维护好我们有权使用的财产，保护好环境和自然资源。

最后，我们要对股东负责。企业必须有可观的利润。我们必须尝试新思想，开展研究，制订创新计划，面向未来投资，为错误负责；我们必须购买新设备，提供新设施，推出新产品；我们必须建立储备，以备不时之需。当我们按照这些原则经营时，股东应该能获得合理的回报。

其理念强调的是"利成于益"（doing well by doing good），即代表其他支持者行善是为股东谋利的途径。这是一种价值观陈述，是对企业社会责任的呼吁，是对当今环境、社会和治理支持者的呼应。

在2019年美国大型企业首脑协会召开的"商业圆桌会议"上，强生公司的经典信条被选用为此类陈述的范例。大篇幅的节选如下：

- 我们认为，自由市场体系是创造良好的就业、强大和可持续的经济、创新、健康的环境和经济机会的最佳途径。在这之中，企业发挥着至关重要的作用。虽然每家公司都有自己的宗旨，但我们对所有利益相关者都有一个基本的承诺。

- 为客户提供价值。我们将进一步发扬美国公司在满足或超越客户期望方面保持领先的传统。

● 对员工进行投资。首先要向他们提供合理的薪酬，提供较好的福利待遇。包括通过培训和教育来提升他们的能力，帮助他们掌握新技能以应对迅速变化的世界。我们致力于促进多样性和包容性，维护员工的尊严并尊重他们。

● 公平合理地对待我们的供应商。我们致力于做其他公司的好伙伴，无论其规模大小，只要能帮助我们完成使命。

● 支持我们工作的社区。我们尊重社区里的每一个人，并通过在整个企业采用可持续的做法来保护环境。

● 股东为公司的投资、发展和创新提供了资金，我们要为他们创造长期价值。我们致力于透明经营和与股东的高效互动。

我们的每一位利益相关者都非常重要。我们努力为这些公司、社区和国家未来的成功提供价值。

签署商业圆桌会议使命声明的公司与优质股东密度具有很强的相关性，这表明在使命陈述中表达出来的承诺与吸引优质股东之间存在强烈的联系。❶

为了解释客户和员工行善如何为股东谋利，我们以医疗保健产品分销商汉瑞祥公司为例进行说明。在斯坦利·伯格曼的领导下，该公司自1995年上市之后的股东回报率超过了同行和大盘。对此伯格曼解释说：

为了让供应商、客户和团队合作，你需要资金，因为这是生意。我们非常清楚华尔街的偏好：在投资者眼里，汉瑞祥公司不存在。话虽如此，我们还是向投资者承诺了良好的回报率并兑现了预期的承诺。回报率不是最高的，也不是最低的，但比较稳定。我们已经上市19年了，在此期间，我们的收益率（平均）大约为16%。

---

❶ 这一论断是根据签署商业圆桌会议使命声明的公司与坎宁安优质股东密度排行榜（见附录 A）的对比结果得出的。在183家签字的公司中，有135家出现在了优质股东密度排行榜单中。其中，有30%的公司位列优质股东密度排行榜的前10%，有55%的公司位列前25%，有81%的公司位列前50%。

其他公司则干脆直入主题，强调以确保股东价值最大化为目标。下面的公司使命陈述就很好地体现了这种直截了当的方法（这对优质股东很有吸引力）：

我们的首要目标是继续确保股东价值最大化。我们对业务的管理将致力于实现收益增长和提高回报率。我们计划将更多的资源用于再投资，投资于能够战略性地扩大和补充公司业务的项目，即投入资本的长期现金回报超过总资本成本的项目。

1984年，可口可乐公司董事长罗伯特·戈伊苏埃塔撰写了关于公司目标的声明。这吸引了优质股东的目光，其中一位就是沃伦·巴菲特，他执掌的伯克希尔·哈撒韦公司于1988年购入了该公司大量的股票，随后几年又增持了更多，至今仍然持有。

一份使命陈述可能特别有助于发挥高密度优质股东的竞争优势，比如促进股价合理化。艾美可公司（AMERCO，通过子公司U-Haul提供移动和储存服务）使用包含7个要点的270个单词陈述了公司的使命。2004年，该公司的CEO乔·肖恩在致股东的信中列出了下面的几大要点。乔·肖恩的家族持有该公司大量的股份，他采用了精练、简明的管理风格，这一点也体现在公司的使命陈述中。这一使命陈述包括以下内容，最终指向股价的合理性：

- 在专业领域内经营，我们的成功更多地取决于我们对待客户的方式，而不是竞争或市场条件。
- 建立自筹资金资产负债表，利用我们的自有利润进行扩张。
- 将大量所有权保持在内部，这包括肖恩家族的权益、员工持股和董事、雇员、经销商及供应商的个人所有权。
- 维护建设性的劳工关系，管理层可以不受外部团体的影响做出决策，鼓励股东、管理层、子公司运营人员和经销商的利益保持一致。
- 维持合理的普通股市盈率，我们重视公司的实力，而不是股价的坚挺。

如果高管们还没有决定是否正式地表达公司的经营原则，不妨看看总部位于多伦多的保险公司费尔法克斯金融公司的负责人普雷姆·瓦萨提供的样例。在公开发布之前，正式的指导方针已在费尔法克斯内部被践行了10年。以下是其中的几条原则，为了强调这些原则保持不变，在长达20年的时间里，瓦萨都在致股东的信中附上了它们。

- 目标：我们关注的是每股账面价值的长期增长，而不是季度收益，我们计划通过内部途径和友好收购来实现增长。

- 结构：我们的组织结构是分散化的，除了业绩评估、继任计划、收购、融资和投资由费尔法克斯或与费尔法克斯一起完成，其他事项均由总裁管理。投资将始终基于长期的价值导向理念，整个集团都鼓励股权和其他激励措施。

- 价值观：我们总是在考虑机会，但我们重视对下行风险的保护，并想方设法将资本损失降至最低。我们具有企业家的素养，我们鼓励理智的冒险。失败没什么，但我们应当从错误中吸取教训。我们绝不会把公司的命运押在任何项目或收购上，我们相信乐在工作中。

对于拥有多个分支机构的公司，另一种做法是，让每个分支机构自行决定是否采用正式的声明以及具体采用何种方式。这正是星座软件公司的做法，该公司有近400个独立的垂直市场软件业务，分属6个分部运营。其中一个分部为管理者制定了十大准则，另一个分部则使用了体现十大价值观的标志，其他分部则没有类似的规定。

巧妙的辞令和空洞的口号对使命陈述没有任何裨益，与竞争对手拥有一样的愿景同样对使命陈述无益。表4.1和表4.2分别列出了一些弱使命陈述和强使命陈述的例子，强使命陈述的例子来自优质股东密度排名靠前的公司。

表4.1　弱使命陈述

成为客户、员工和股东眼里的佼佼者。
通过卓越的客户服务、创新、质量和承诺实现盈利增长。
我们争取成为公认的全球领导者和首选合作伙伴，帮助我们的客户在快速发展的世界金融市场上取得成功。
在遵守法律和遵守最高道德标准的同时，实现长期股东价值的最大化。
拥有无可争议的市场领导地位。
以我们的奉献精神和卓越的能力提供出色的服务和解决方案。
我们将继续建设尊重和重视员工独特优势和文化差异的企业文化。

表4.2　强使命陈述

为世界上的每一位运动员带来灵感和创新。只要还有一口气，人人都是运动员。——耐克公司（强调产品对客户体验的影响）
祝您更加健康！——美国药店连锁企业CVS（因不计代价停止销售香烟而信誉大增）
从神奇的体验中获得快乐。——华特·迪士尼（员工和股东都喜欢这一点，千真万确）
成为一家激发和满足你好奇心的公司。——索尼公司
让汽车变得更出色，让员工变得更快乐，让地球变得更美好。——福特汽车公司【听起来像亨利·福特为自己刚成立的企业所做的演讲】
实现个人自由的梦想。——哈雷·戴维森（唤起对产品和客户体验的记忆）
用商业拯救我们的地球家园。——巴塔哥尼亚公司（其环保承诺比户外设备更知名）

■ 指数型股东提要求与优质股东做呼吁

指数基金购买指数涵盖的所有股票，不考虑公司的使命陈述或其他特征，但这并不妨碍主要的指数型股东要求企业公布使命陈述。例如，大型指数基金机构贝莱德集团在2016年《致总裁的公开信》中就要求公司陈述其使命。这家机构特别希望公司解释其使命与社会利益之间的关系，许多公司都对此做出了回应。

其中的一家是成立于1929年的阿勒格哈尼公司。该公司于2016年公布了一系列主张，陈述了公司的业务及使命，主要涉及保险业务及其社会价值，包括分散风险，所有内容仅用了780个单词。

很有意思的是，虽然阿勒格哈尼是在对特定企业兴趣索然的大指数基金机构的启发下公布其使命陈述，但这些陈述确实给优质股东留下了深刻的印象，与价值观和实践做法相关的陈述包含了本书后面探讨的吸引优质股东的几个要素。

- 阿勒格哈尼最初是一家家族企业，尽管现在已经转型，但家族观念仍然是企业文化的重要组成部分，对我们的行为方式具有重要的影响。我们希望高管和其他管理人员公平公正地对待员工，并对员工所在的社区和服务对象负责。我们努力保管好股东的资本，就如同它们是我们自己的一样。

- 作为保险和再保险公司的所有者，阿勒格哈尼公司本身在很大程度上是一家资产管理公司。与封闭式基金一样，公司保留了大部分利润，并代表股东将这些利润进行再投资。

- 阿勒格哈尼资本公司是我们的投资子公司，主要负责收购和监管开展持久性业务的非金融公司。与私人股本公司不同，我们收购公司不是为了在将来出售他们，相反，我们认为，当创始人或其他控制权所有者需要转移资本时，我们可以为他们提供一个稳定的所有权结构。我们相信，我们的所有权能使我们的所有者和管理者伙伴发展他们的公司，并随着时间的推移提高每家公司的业绩。

- 我们在监管经营业务方面的主要职能是提供战略性指导、设定风险参数和确保管理层的激励措施适宜。我们不"经营"我们的子公司，这是管理团队的职责。

● 我们不提供财务方面的预测，也不召开季度财报会议。

尽管公司的使命陈述对贝莱德和其他指数机构的投资决策没什么影响，但他们仍然会要求公司提供，而优质股东则会公告他们选择投资对象时看重什么，编写公司说明的管理者应当考虑到这些股东偏好的陈述。可参考下面给出的样例，他们分别来自雪松岩公司、加德纳公司、罗索 & 加德纳公司和东南资产管理公司。

企业信息只是吸引优质股东的一种工具，另一种工具是本章多次提到的致股东的信，我们将在第五章详细讨论这一点。

雪松岩资本合伙公司

我们的投资方法是购买并持有我们认为能够长期获利的公司的股票，我们的投资标准强调的是质量、价值和管理特征。我们对优质企业的界定标准是：在不需要财务杠杆的情况下能维持运营资本的高回报，同时至少能将其过剩现金流的一部分进行再投资并获得高回报。我们认为，当公司正常化的超额现金流（以占公司股票市值的百分比计算）高于长期利率时，它们的价值会非常高。

我们投入了大量的精力调查公司管理者的诚实度、可信度以及将公司现金流进行再投资并获得对股东而言较高回报的能力。我们的标准定得很高，我们的投资组合一般集中于全球大约20家公司。我们轻而易举地降低了相对于任何国家、地区或全球性股市绩效指数的波动性。然而，我们希望，我们对品质和价值的重视能在长期产生令人满意的绝对和相对收益。

加德纳、罗索＆加德纳公司

要得到我们的关注，公司必须具有独一无二的特点。其业务的竞争优势必须能表明其稳定增长的能力，可通过可持续的长期资本回报率和不断产生的现金流来衡量。管理公司的团队必须拥有成功经营和有效配置自由现金流的良好记录。

公司还必须具有能为长期价值创造提供氛围和激励的企业文化，这意味着管理层会运用最有效的"家族式"经营法（重视财富的长期积累而非短期获利，积极主动维护企业的声誉价值，深入了解业务及其所在的行业）。

我们希望投资于那些"有能力再投资"的公司，这类公司由具有股东意识的管理层掌舵，他们"有能力承受"华尔街的反对，能大手笔投资于可在未来实现增长但往往对近期的利润会产生不利影响的项目。

东南资产管理公司

我们投资于行事合理、财力雄厚、竞争力强、自由现金流充足、不断成长的企业。这些企业由值得尊敬和信任的人才管理，运营者和资本配置者经验丰富，专注于每股价值的创造，而且激励他们的因素与激励股东的因素一致。

我们寻求利用短期市场情绪。我们是长期所有者，不是短期交易者或投机者。我们根据客观的企业内在价值进行长期投资，投资期限至少为5年。

我们认为应在全球投资于18～22家最优秀的公司，我们根据这一理念构建我们的投资组合。我们的投资组合集中但也实现了充分的多元化，这不仅可以抓住机会最大限度地提高回报，而且可以尽量减少本金损失。

我们的投资团队将我们投资组合涉及的公司的管理团队和董事会视为合作伙伴，我们与他们精诚合作，确保为股东带来最大的长期价值。

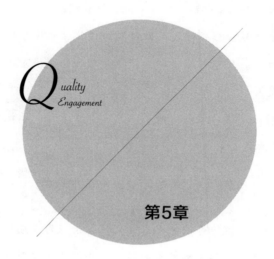

Quality
Engagement

第5章

致股东的信

● ● ●

尊敬的股东：

最近，一位主教练在赛前发布了一个似乎与常识不符的声明，他认为犯错最多的球队会赢。这听起来不可思议，但他接着说，他的球队要富有进取心，要愿意犯错，这样才能赢得胜利。

畏惧犯错会导致消极或惶恐，致使思维僵化，最终导致低于一般或预期水平的结果。愿意积极行动和接受合理的错误很重要，这样组织才能学习和成长，才能应对瞬息万变的世界。

马克尔公司正是这么做的。我们认为，承担责任、承认错误、不断学习和锐意进取是公司独特的竞争优势。

汤姆·盖纳等人

尊敬的股东：

去年，美国的一位传奇偶像尤吉·贝拉去世，为表缅怀之情，我在整封信中使用了他一些家喻户晓的妙语，并以他被援引最多的一句调侃语结束这封信，即"没到结束时，一切都还未结束"。

海科（SEACOR）经历了糟糕的2015年，到目前为止，2016年看起来也并没有多少起色，但我们手握着出色的球棒——强劲的资产负债表开启了我们的征程。我们在等待一个"好击的球"，当需要保护我们的资产负债表时，我们就会走出击球手的位置。

查尔斯·费布理肯

正如上面的样例所示，我们可以从一封精心撰写的致股东的信中洞察公司的价值观、文化和发展前景。可以说信件是CEO言论最自由的论坛，因为写不写这类信由CEO说了算，不受监管。因此，这是

CEO传达个人和公司个性的理想途径。CEO可以通过在信中重申公司的价值观、重新介绍管理层的特点和反思公司的历程来安抚现有股东。这些沟通是吸引优质股东的极好方式。

■ 信的要素

给股东写信是一个提升素养的好方法，许多CEO对此根本不屑一顾，而且是那些自以为公司具有竞争优势的CEO。即使是在提供此类信件的公司中，也只有少数公司将信件发布到了其网站上。分析人士下载并阅读了大量致股东的信后发现，仅有少数信件值得阅读，比例不到3%。

搜索致股东的信已公布的资料或者阅读在投资者大会上完成的民意调查报告发现，相同的名字不断出现，然而观察人士的评分依据不尽相同。

例如，许多致股东的信榜单排名都以表达清晰度作为评判标准，一些投资者将致股东的信视为筛选潜在投资目标和典型分析对象的标准。[1]

清晰和坦诚是优点，直面公司面临的挑战是最好的做法，内容和风格都很重要。里滕豪斯排名（Rittenhouse Rankings）的创始人劳拉·里滕豪斯分析了致股东的信后就应避免的问题提出了如下建议："老生常谈、陈词滥调、企业行话、不交代重要背景以及让人读后一头雾水的表述皆不可取。"沃伦·巴菲特在1997年致股东的信中给出的精辟陈述很好地说明了这一点：

当您收到我们的信时请注意，写这封信的是您花钱雇用来，为您经营企业的人。您的董事长坚信，所有者有权直接听取CEO的解释，了解现况以及他如

---

[1] 建议研究一家公司致股东的信时，要像研究其财务状况一样谨慎，要细致地探究其有关财务状况、应对经济挑战的方法等各个方面的解释。

何评估当前和未来的业务情况。对非上市公司，您会要求这样做；对上市公司，您也应该这样做。

一年写一封出色的信比不上连续多年坚持写信。一些CEO给股东写过一封优秀的信，但最卓越的CEO年年都能写出优秀的信件。我研究了许多坚持写致股东的信的公司，经过精挑细选，我将写给股东最出色的信件整理在了《亲爱的股东》（*Dear Shareholder*）一书中，这些信展示了17家公司的风采，他们都很善于吸引优质股东。

这些公司的一个共同点是，他们写的信越来越好。最出色的信通常是由经验丰富的领导者写就的，他们都是杰出的管理者，在工作中不断提升能力，在互动中不断完善技巧。CEO们不应该气馁，万事开头难，给股东写信也一样。随着实践的进展，写信会变得越来越容易。

另一方面，有些CEO的第一封信就写得非常出色。从吸引优质股东的角度来看，杰夫·贝佐斯在1997年写给股东的第一封信是他写的最好的一封信。后来，他每年都会在《致亚马逊股东的信》中附上这封信。这样一来，贝佐斯对产品开发、亚马逊文化以及他独特的商业和生活理念的讨论也能从这封信所传达的信息中得到佐证。

许多CEO从他们管理团队其他成员写的信中获得了支持。例如，在早期的卢卡迪亚公司，高管伊恩·卡明和乔·斯坦伯格写就了一封精彩的致股东的信，在信中他们对公司的各个方面进行了评估，然后他们附上了各单位负责人对具体运作的详细评论。在费尔法克斯金融公司早年的信中，普雷姆·瓦萨附上了公司保险部门总经理对其分管业务的详细讨论。

一些CEO会与同事分享写信的负担和乐趣。20世纪70年代至90年代，凯·格雷厄姆执掌华盛顿邮报公司。她是一位传奇的领导人，在她的领导下，华盛顿邮报公司以吸引优质股东而闻名，其中就包括巴菲特。她总是与一位或多位同事一起写致股东的信。在马克尔公司，信的署名人总是有多个，近来他们还署名为"一帮人"（The Band）。

其他人则通过致股东的信宣传公司，他们不仅想吸引优质股东，还列出了收购标准，甚至为公司的产品做起了广告。在21世纪初，卢卡迪亚国民公司每年都会举办一次妙趣横生的股东活动，为自己的葡萄酒做宣传，其间公司会提出一些异想天开的宣传语，比如"每天一杯松树岭（Pine Ridge）或艾翠斯酒庄葡萄酒（Archery Summit），可令您益寿延年，令您的股东快乐无边"。

营销商的推荐语比较有分量，它们可在致股东的信中占据一席之地，可以参考金融信息公司晨星在2006年致股东的信中所做的宣传：

我们提供的是一种独特的产品，无论是小投资者还是知名的基金经理，只要尝试过，就会喜欢。我收到了当今最杰出的投资家约翰·邓普顿爵士的一封来信，他在信中说我们的股票研究的质量是一流的。这样的反馈告诉我们，我们做的事情是正确的。

沃伦·巴菲特也以这样的操作而闻名。很多时候，巴菲特都是先对伯克希尔的子公司盖可汽车保险的业绩发表一番评论，然后毫不掩饰地插入一则广告，就像2015年写的那样："事实上，读过这封信的人中，至少有40%都可以通过向盖可公司投保而省钱。"

向潜在的商业伙伴和卖家做推销，没有比致股东的信更好的途径了。几十年来，巴菲特一直以这种做法著称，他一般都是先陈述伯克希尔的收购标准，然后要求推荐。

这一做法得到了许多人的效仿，唐·格雷厄姆在2002年《致华盛顿邮报公司股东的信》中说："我们的公司是经营状况良好的媒体和教育企业的美好家园，这些企业特点鲜明并希望继续保持这些特点。"马克尔公司在2010年致股东的信中说："我们为这些企业的潜在卖家提供了巨大的优势……如果您或您认识的人拥有符合这些标准的企业并希望找到一个永久性的家园，请告知我们。"

优秀信件的另一个特点是独创性，这反映的是作者的个性和公司的文化。优质股东清楚"合理效仿"和"盲目模仿"之间的区别。与任何写作形式一样，最出色的信件都是真诚和热情的。

最重要的是，写致股东的信时应遵循的黄金法则是：站在股东的立场上考虑问题。巴菲特说，他写信是为了向股东提供他们换位思考时应该知道的信息。马克尔公司在2017年致股东的信中也以类似的话开头，称写信人的目的是提供"换位思考时您想获知的有关马克尔公司的一切信息"。

一定程度的重复很有意义，尤其是对持久的核心价值观和实践做法的重复。许多深受优质股东青睐的信件的一个特点是，公司的核心原则保持不变。坚定的信念体系对优质股东很重要——无论世界发生了什么，他们都知道公司会忠于其价值观。因此，与核心原则相关的内容值得多次重复。

保持一致性也具有重要意义，特别是在展示数字和图表时。理想的情况下，信件中应使用相同的指标和图表分析公司多年来的表现。优质股东都是数据爱好者，喜欢大量的历史数据。许多致股东的信中都包含此类数据，至少是10年的数据，有的包含了几十年的数据，如阿勒格哈尼公司、信用承兑公司、马克尔公司、海科公司等，有的包含了半个世纪的数据，如伯克希尔·哈撒韦公司，有的包含了近一个世纪的数据，如通用配件公司（包含自1928年以来的数据）。优质股东——拉斐特投资公司（Lafayette Investments）的马克·休斯在谈到通用配件公司的信时说："当他展示了90年的业绩数据时，你可以清楚地看出，这是一家专注的、着眼于长远的企业。"

当写信者引入新的指标和图表时，他应该对其效力做出解释。当省略了以前出现过的某年份的数据时，写信人也必须解释这么做的原因。读信人想知道公司的目标是否已经改变，这可能影响他们对公司吸引力的看法。

信用承兑公司的布雷特·罗伯茨写的信堪称一致性的典范。近20年来，他写的每封信的格式几乎相同，而且图和表都以相同的序列展示。这样的做法使第一次读信的人和读过多次信的人都能很容易地了解企业及其业绩的整体概况。

我们的核心产品45年来基本保持不变。不管消费者的信用记录如何，我们都为他们提供汽车贷款。通常被其他贷款机构拒之门外的个人也可以成为我们的客户。传统的贷款机构拒绝发放贷款有很多原因，我们一直相信，如果有机会建立或重建积极的信用记录，有相当一部分人会利用这个机会。在这一信念的激励下，我们改变了数百万人的生活。

最后还要注意这一点：要把奉承话留到员工动员大会上说。要把致股东的信的重点放在企业面临的挑战而不是取得的胜利上。传奇投资者菲利普·凯睿虽然比大多数优质股东更支持多元化，但他在认真阅读了大量的信后提出了一个中肯的建议："看到年报中总裁写得过于乐观的信时我总是感到很扫兴。当信写得有点悲观时，我会认为这是个好兆头。我喜欢一位公司总裁说过的一个观点，即他对从下属那里听到坏消息更感兴趣，因为好消息会不胫而走。"

■ 寻找和阅读优秀的信件

简言之，年度致股东的信都是优质股东和管理者相互联系的最佳工具。为了说明这封信对这两个群体的共同价值，我在《亲爱的股东》一书中展示了这类信件的范例，表5.1列出了涉及的公司和写信人。

表5.1　高密度优质股东公司及其致股东的信署名人

优质股东公司	致股东的信署名人
阿勒格哈尼	韦斯顿·希克斯
格雷厄姆控股（华盛顿邮报公司）	唐·格雷厄姆
亚马逊	杰夫·贝佐斯

（续表）

优质股东公司	致股东的信署名人
IBM	弗吉尼亚·罗曼提
伯克希尔·哈撒韦	沃伦·巴菲特
杰弗里斯	里奇·汉德勒和布莱恩·弗里德曼
西普瑞思	罗伯特·基恩
卢卡迪亚	伊恩·卡明和乔·斯坦伯格
可口可乐	罗伯特·戈伊苏埃塔
马克尔公司	汤姆·盖纳
星座软件	马克·莱昂纳德
晨星	乔·曼索托
信用承兑	布雷特·罗伯茨
百事可乐	英德拉·努伊
费尔法克斯金融	普雷姆·瓦萨
海科	查尔斯·费布理肯
谷歌	拉里·佩奇和谢尔盖·布林

许多杰出的优质股东和写信人在阅读了我整理的这些范例后都表达了他们对这些优秀信件的欣赏之情。霍华德·马克斯说："关注致股东的信这一主题的著述很少。"这些最佳的信件能说明是什么造就了卓越的公司和伟大的CEO。优质股东领域的经典大作《商界局外人》（*The Outsiders*）一书的作者威廉·桑代克称，最出色的信件对投资者和管理者来说都堪称宝藏，尤其是当信件传递的信息与优质股东所重视的话题产生共鸣时，例如以股东为导向和对资本配置基本原则的理解。已故的约翰·邓普顿爵士的侄女劳伦·邓普顿在优秀的信件中发现了宝贵的教训和见解。

读信的人数量众多，他们聪明、有鉴赏力。西安大略大学艾维商学院（Ivey School of Business, University of Western Ontario）价值投资讲席教授乔治·阿萨纳萨科斯表示，最好的致股东的信反映了某些价值准则，尤其是正直、谦逊、克制、耐心和目光长远。《正在爆发的股权战争》（*Dear Chairman*）一书的作者杰夫·格拉姆表示，那些最好的信给我们上了有关管理层、领导力和公司管理的课。《叛逆的配置者》（*The Rebel Allocator*）一书的作者杰克·泰勒指出，致股东的信是进入商业世界的一个独特的钥匙孔。

劳拉·里滕豪斯专门研究不同公司写给股东的信。她强调，阅读最佳的信件可以提高你的战略智商和投资回报。在最近的年度排名中，里滕豪斯根据一定的衡量标准列出了致股东的信排名前25的公司，其中绝大多数的公司在吸引优质股东方面都名列前茅。公司名单如下：自动数据处理公司（ADP）、西维斯（CVS）、微软公司、亚马逊公司、爱迪生国际公司、奈飞公司、BD公司（Becton, Dickinson）、通用磨坊公司、宣伟公司、嘉信理财公司、通用汽车公司、东南航空公司（Southwest Airlines）、高乐士公司、谷歌公司、得州仪器公司、开市客公司、霍尼韦尔公司、旅行者公司（Travelers）、洛克希德·马丁公司。

关于致股东的信最后要说的一点是：当把致股东的信与年度股东大会联系在一起时，公司和股东的收获最大。我们将在第六章详细讨论这一主题。

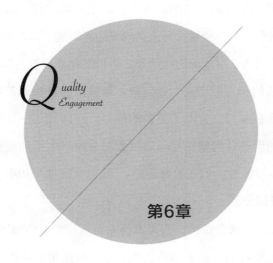

Quality
Engagement

第6章

年度股东大会

● ● ●

"这次会议很不一样！"参加宝贝卷糖业年度股东大会的优质股东英格丽德·亨德肖特惊呼道。她全神贯注地盯着会议室的前方，宝贝卷糖业公司80多岁的董事长兼CEO梅尔·戈登和他70多岁的妻子、总裁兼首席运营官艾伦走到了台前。梅尔介绍了会议议程，然后艾伦介绍了公司推出的新产品，接着服务人员向参会者发放了几盒糖果。

宝贝卷糖业的历史可追溯到1896年，目前其年销售额为5.4亿美元，其品牌包括同名的长方形巧克力卷、查尔斯顿口香糖和薄荷糖。艾伦在谈及糖果的新包装时，分发了更多的样品，还回答了一些问题。一位股东问她，消费者转向健康产品是否会对公司产生不利的影响。她首先承认了这种可能性，但接着打趣道："我们坚信糖果和零食是健康饮食的合理组成部分。"

亨德肖特说，这次会议的氛围坦率而亲切，没有"粉饰"（另一位股东在比较了宝贝卷糖业和著名的伯克希尔·哈撒韦的年度股东大会后这样戏谑地评论后者）。宝贝卷糖业年度股东大会另一个引人注目之处是戈登家族和公司领导层经营这家上市公司的模式，他们都是隐遁的人。宝贝卷糖业总部被比作威利·旺卡的神秘巧克力工厂，其四周围满了栅栏和神秘的遮盖物。因此股东大会是了解公司、提出问题以及与管理层接触的难得机会。当然，大会上有糖果吃。

大多数公司召开年度股东大会都是敷衍了事，两个小时的会议往往冗长、无聊。尽管安排了股东提问的环节，但提问似乎更像是在揭短而不是探讨公司的战略和前景。回答者往往狭隘地或逐一回应特定的问题，不能倾听与股东关切的问题有关的广泛线索，事实上，这个环节本来是向股东宣讲公司战略和前景的好机会。

但也不一定非得这么做，很多公司都不喜欢这种无聊的做法。他们提供视频、产品样本、详细的问答、教育节目等等。在少数情况下，会议还包括其他活动，比如主要子公司举行的单独会议或与主要部门经理的分组会议。正如《纽约客》（*New Yorker*）专栏作家约翰·布鲁克斯所报道的那样，股东年会让公司焕发出了活力。优质股东喜欢亲眼目睹公司的实际行动，并与公司的人进行接触。召开一次令人愉快的股东大会是吸引和留住优质股东的好方法。

■ 历史

在20世纪30年代以前，召开年度股东大会只是为了合规，因此往往流于形式，其效果甚微，吸引的人也很少。随着个人持股比例的上升，以约翰和刘易斯·吉尔伯特兄弟为首的一群人在接下来的40年里一直致力于提高其重要性。

到了20世纪60年代初，整个美国企业界召开的10次股东大会就吸引了一千多名股东，之后召开的20多次年度大会吸引的股东人数都在300～900人之间。号称拥有数百万股东的美国电话电报公司（AT & T）则创下了12000人的纪录。1964年《纽约时报》的一篇报道宣称："吵吵嚷嚷的小股东们坚持出席会议，对有争议的问题提出了尖锐的质疑，这有助于会议的普及。"

20世纪70年代初，一群人发动了一场废弃年度股东大会的运动，但不久后归于平静。1972年，主要上市公司的注册地——特拉华州修改了法律，允许股东以书面的形式表示同意，不必非得出席会议。在《纽约时报》的一篇评论性文章中，富卡工业（Fuqua Industries）的 J. B. 富卡主张废除会议投票，改为邮寄投票。

但绝大多数股东拒绝了这一提议，而且证券交易所规定，这种表达同意的方式不符合其有关召开年度股东大会的要求。到了1975年，废除股东大会的运动完全失败了，《纽约时报》当时以讽刺的口吻评价说，该运动显然不成功。

同年，沃伦·巴菲特开始在伯克希尔·哈撒韦公司筹备日后大受欢迎的年度股东大会。1975年，仅有12位股东出席了在奥马哈该公司办公大楼的自助餐厅里举办的股东大会。在随后的30年里，与会人数急剧增加。到1985年增加至百人，1995年增加至千人，到2005年增加至上万人。2018年，有4万多人出席大会，创下了美国上市公司的最高纪录。

尽管长期以来伯克希尔股东大会的重头戏一直是巴菲特和副董事长查理·芒格与股东长达6小时的问答环节，但这场会议早已演变成了一次周末的盛会。几十年来，该公司一直在大会期间举办各种活动，周五晚上举办球赛，周六晚上举办野餐会，周日有香槟早午餐会，此外，股东们还增加了自己的研讨会、小组讨论会和小型聚会，仅这些活动就吸引了成百上千人到场。正如《沃伦·巴菲特的股东》（*The Warren Buffett Shareholder*）这部散文集所描述的，这是一幕幕别开生面的股东参会场景。

在伯克希尔召开年度股东大会的那个周末，马克尔公司也举办了一次单独的聚会，吸引了当时身在奥马哈的大约1300名股东到场。CEO汤姆·盖纳发现，马克尔和伯克希尔在股东和价值观方面均有重叠，因此于1985年开始了这一做法。当时他还只是一位职位比较低的保险业务经理，他和同事们整个上午都坐在讲台上，耐心地回答台下专注的观众提出的问题。

■ 演变

从1980年到2010年，上市公司股权的所有权从个人转移到了机构手里。与此相伴的是，公司每年都越来越多地与股东进行沟通，有的公司一季度沟通一次，有的则更加频繁，接近持续披露信息的模式。

虽然所有权和沟通方式发生了变化，但股东大会仍然是公司生活的主要内容，是个人股东和机构股东代表与管理层会面、提出问题、评论对错和解决争论的重要渠道。

但是，如果说之前的大会重视的是个人股东以及与其相关的权利的话，那么当今时代的股东大会则侧重体现企业的形象和文化。例如，在2000年被出售给联合利华公司的本 & 杰瑞冰激凌公司曾吸引了一群富有社会责任感的股东参加大会。大会在佛蒙特州伯灵顿附近的养牛场举行，大会的形式很灵活，公司创始人之一杰瑞·格林菲尔德以嬉皮士的口吻缓慢而庄重地说道："嘿，伙计，是时候提个小问题了。"当本·科恩提出一项动议时，一支合唱队就合着史摩基·罗宾逊的音乐唱道："我赞成这项动议。"这场大会看起来更像是伍德斯托克摇滚音乐节，而不是在华尔街的会议室里。

该公司致力于实现可持续的盈利并以慈善捐赠的形式承担社会责任，这引起了慈善界人士的共鸣。当有人批评董事会将企业利润用于做慈善时，本·科恩解释说：

> 我们从来没有让所有股东进行过正式的表决，但在我们的股东大会上，我通常会要求他们举手表决。如果他们支持把真正属于他们的利润拿出来回报社会，他们就举手示意，不过这是没有约束力的。他们都表示赞成。

本 & 杰瑞冰激凌公司举办的股东大会有利于宣传其品牌、吸引消费者和志同道合的股东，而且有利于建立和维持长久的忠诚。此外，召开股东大会的成本低廉，获得的回报却很高。

另一个实力雄厚的美国小镇是阿肯色州费耶特维尔，这里曾是沃尔玛股东大会的举办地。沃尔玛股东大会最有特色的地方是对员工的关注，很多员工也是该公司的股东。1970年，沃尔玛的创始人山姆·沃尔顿和另外5个人在一家咖啡店举办了沃尔玛第一届股东大会。自20世纪80年代以来，其股东大会增加了特别的活动，名人嘉宾频频到场，吸引了大批观众，会议场地已经从公司总部的礼堂转移到了阿肯色大学的体育场，那里可容纳两万人。

股东大会开幕时，沃尔玛的高管们在镁光灯的照射下走上舞台，受到台下人群的热烈欢迎。主持人让人们高喊"沃尔玛"几个字，接着喊出"第一"两个字，然后让人群喊出他们对这一品牌的热爱。尽管沃尔玛仍然是一家能为股东提供良好服务的大公司，但不可忽视的是员工奠定了这家公司的身份基础。在该公司，员工被亲切地称为"合伙人"，股东大会是展示他们身份的舞台。

东南资产管理公司的股东大会也体现了公司管理层和股东之间相互支持、惺惺相惜的关系。公司董事长O.梅森·霍金斯曾自豪地称："在共同基金业，我们的股东最优秀。"著名的红杉基金管理公司对这种说法表示不服，因为他在每年5月举办的股东大会能吸引1000名投资者到场。该公司善于培养忠诚的长期投资者，而且善于通过股东大会吸引和留住他们。

费尔法克斯金融公司的股东大会在其创立地多伦多举办，此外还在纽约单独举办投资者日活动。起初其股东大会的规模很小，但现在，成千上万名富有协作精神的投资者慕名前来。近10年来，在正式召开股东大会的前一天，费尔法克斯都会举办一场价值投资会议。在会场，各划定区域都由其子公司的人负责，主要是保险公司，但也有餐厅和礼品店，还有该公司支持的教育和文化机构。普雷姆·瓦萨在致股东的信中用了整整一页的篇幅为这场会议造势。

■ 最激动人心的部分

股东大会是一个可以让股东们看到公司人性和文化的地方。股东会与董事会主席、运营和行政管理团队，甚至各位董事会面。查德·霍利迪在杜邦公司担任CEO兼董事长期间，经常穿梭于过道，与股东们寒暄握手，展示出了其精明但人性化的领导力。董事们通常会出席股东大会，而且会被介绍给股东们。在某些情况下，他们会按要求扮演其他角色，比如担任主持人，进行自我介绍等。

在参加了数百次股东大会后，兰迪·塞普奇撰写了一本回忆这些会议场景的书，其中他举了这样一个例子：

有一年，在澳大利亚安塞尔公司召开的年度股东大会上，整个董事会的成员进入了会议室……董事长埃德·特维尔博士一一介绍了他们，包括几位被提名者。我已经看惯了被提名者向股东点头致意的情景，但这一次，这样的情景并未出现。特维尔说："你们都讲讲自己的情况吧！"几位被提名者一一做了自我介绍，尽管他们并无竞争对手，但实际上他们每个人都相当于发表了一次竞选演说。这是非常棒的、令人耳目一新的姿态，有利于提升董事会和公司的人性化形象。

在一些股东大会上，公司会向股东提供免费赠品，比如之前提到的宝贝卷糖业就是这样。联合利华在召开的年度股东大会上提供了本 & 杰瑞生产的冰激凌样品，玛莎百货和英国石油会提供盒饭。这些举动让与会者很高兴，而且他们下次还愿意再来。随着公司的繁荣和消息的传播，成功的股东大会每年都会吸引更多的人到场。股东大会评论家塞普奇说：

查隆公司的第一届股东大会是在厨房举办的，只有6个人到场，会议仅开了10分钟就结束了——不算之后喝酒的那几个小时。这个消息很快就传开了，两年后参会的人达到了50人，到了1986年，有500多名股东和嘉宾出席了会议。到第35届股东大会举办时，此次聚会吸引的人比许多《财富》500强企业的股东大会多得多。

■ 未来

随着公司向虚拟化经营转变，那些提高了现场股东大会质量的高管们可能更具有竞争优势。2000年，特拉华州的公司法规定，公司可举办虚拟股东大会。如今，大多数美国州的公司法也许可了这种做法。2020年初新冠疫情的大蔓延促使各公司将面对面的现场会议转变为了虚拟会议，一些人预测，疫情之后这种转变将会持续下去。

在法律许可虚拟股东大会的头十年里，ICU医疗公司和赫曼·米勒公司率先召开了这类会议，此后，一小部分公司也选择了这种方式。在此期间，一些知名公司公开评估了虚拟股东大会的认可度。其中，有6家公司在听取了股东的负面反馈后决定不采用这种形式，另有6家公司不顾负面反馈采用了这种形式。

值得注意的是，选择了向前看的公司比打了退堂鼓的公司具有更高密度的优质股东。在那些坚持举办现场股东大会的公司中，有几家在优质股东密度排行榜的位置比较靠前，他们是康菲石油公司、赛门铁克公司和联合太平洋公司。转向虚拟化后仍然善于吸引优质股东的有康卡斯特公司、杜克能源公司、英特尔公司和贝宝公司。

对许多公司来说，最好的选择是既举办现场会议，也举办虚拟会议。思科公司自2005年以来，伯克希尔公司自2016年以来都是这么做的。但这样做无疑会增加成本，因此批评声并非寥寥。谷歌的现场会议也进行了流媒体直播，与会者和观看者的评论截然不同。会议室里的人说他们深受激励和鼓舞，而从远程观看的人发来的反馈来看，他们的感觉很平淡。评论家塞普奇认为，这样的结果是亲身经历者与听闻者之间的感官差异导致的。

虽然每家公司都必须依据自身情况做出评估，但还是应该注意双方提出的普遍的观点。支持者列举了召开虚拟股东大会的几个优点，而反对者则提出了反驳。

召开虚拟股东大会的优势在于成本较低，还可以增加参会股东的数量，从成本效益的角度来看很划算。反对者反驳说，这样的特征是必然存在的，因为许多管理者都将股东大会视为人人从中受益的论坛。批评人士则说，出席人数少和会议内容平淡乏味是管理者的错，这是存在亟待解决的问题的迹象，而不是进一步逃避的理由。

另一种常见的观点认为，机构所有者不能出席他们持股公司的所有会议，因为他们的投资组合是多元化的，他们有能力调整投资的目标。对于持有成百上千家公司的股票的指数基金机构来说，这一观点尤其有说服力，因为大多数时候，他们没有派人参加公司的股东大会，但这似乎更像是对指数基金机构而不是对现场会议的批评。无论如何，从指数机构目前的人员配备水平来看，他们无法参加大量的股东会议，即使所有会议都是虚拟的。

支持虚拟会议的最有说服力的观点出现在2020年，此时新冠疫情蔓延，会议形式受限。但在此次疫情期间，两种方式的会议都减少了，最终双方都更坚信自己的立场。

无论你支持哪一方，现场会议都是管理者和董事与股东相互致意、沟通交流的大好机会，这是不争的事实，这一千载难逢的机会不容忽视。

虚拟年度股东大会可能与季度财报会议没有太大的区别。然而，这就引出了与现今季度财报会议质量有关的问题，在优质股东和管理层中都出现了减少季度财报会议和相关业绩预测的动向。第七章详细讨论了这一变化背后的原因。

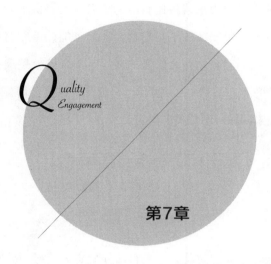

Quality
Engagement

第7章

高质量的季度会面

● ● ●

如果说致股东的信和年度股东大会是公司与优质股东进行沟通的绝佳途径，那么其余时间以什么方式沟通好呢？尽管几十年来季度财报会议一直是企业生活的主要内容，但从目前的情况来看，季度财报会议无法吸引许多优质股东或传递有用的信息。为提供季度预测信息而召开的会议可能产生严重的不利影响，他们可能让首席财务官看起来像马克·吐温笔下那个站在金矿旁的人（所谓金矿就是藏在地底下的一个大洞，其旁边还站着一个说谎者）。因此，许多公司都在考虑替代方案。我们先来回顾一下相关的争论。

■ 季度业绩预测

我们从季度预测开始谈起。首先，没有法律规定公司必须公布预测的未来业绩。提供"季度业绩预测"的做法在20世纪八九十年代开始流行，在此前的几十年里，这种预测是不合法的。《证券法》禁止公司做预测有几个原因，主要是因为投资者可能过于信任这些预测，进而产生不合理的激励。

一旦法律允许预测，这种行为就会激增，这恰合金融分析师的胃口。他们非常渴望得到这些预测信息，因为他们可以根据这些信息做出自己的预测。

尽管季度预测的支持者一直声称，管理层报告多多益善，但这一群体的人数越来越少。大多数观察者现已认识到，管理层每个季度做预测的弊要远大于利。

首先，即使在通常情况下掌握更多的信息是好事（考虑到今天的信息过量，这一说法是有争议的），但预测不是事实，他们是预言和猜测。想一想企业经历的沧桑变化就会知道，不管怎么精心预测，谁也无法真正掌控事情的走向。

没有一家企业在可预测的环境中经营，大多数企业都面临着相当大的波动风险。我们以两个完全不同的行业为例说明众多风险因素都会影响预测的结果。航运公司必须注意停靠码头、修理船只、移动深水钻井平台、应对飓风和清理泄露的石油等事项，媒体公司必须经历新闻周期，在如火如荼的选举浪潮、体育赛事举办期间和金融动荡中开展工作。

其次，估计季度业绩需要投入大量的时间和精力，需要从其他重要业务中抽调资源。3个月的预测会使管理层把注意力集中于当前季度的结果，而不是下一季度、下一年或几十年的结果。正如罗维斯公司（Loews Corporation）的管理者们所说的那样，"我们更重视在未来12年内创造优异的股价表现，而不单单只在12个月内。"

再次，季度估计既是目标也是考验。设定内部目标对评定和激励管理者很有必要，但公开预测会导致管理者想方设法实现这些目标，从而产生不合理的激励。

最后，重视季度绩效会诱发轻率的开支削减。例如，在联合利华，这样的经营重心导致用于研究、技术开发和投资方面的支出减少。这样的盈余管理可能会产生灾难性的后果，如内部决策扭曲、日益严重的会计违规甚至财务舞弊。

最近的一些证据表明，进行季度预测的公司数量有所下降，只有20%的上市公司维持了这种做法，另一方面，许多公司坚持这么做可能纯粹出于习惯。

尽管存在相互矛盾的证据，但有一点是明确的，即优质股东反对季度业绩预测，他们更希望管理者关注企业长期的经济绩效，而不是短期的会计结果。

这不是说季度业绩无关紧要，通常情况下，它们很重要，这也是法律规定上市公司必须公布季度业绩的原因，也是一些公司虽放弃了季度业绩预测，但仍然召开季度财报会议的原因。然而，关键的一点是，不能让季度报告、季度财报会议或季度业绩预测影响了管理者的长期思维。

马克尔公司2016年致股东的信便充分展现了这种平衡。在阐述各事项时，该公司没有运用年度术语，而是运用了"永远和现在"这两个表示时间长度的用语。两个时间长度的结合强调了企业变革的紧迫性，同时表明，当前的决策不是凭空做出的。此后，马克尔公司每季度召开一次财报会议，但不提供业绩预测。如今，有越来越多的公司采用了这一做法。

大多数实证研究都证实了这一做法的合理性。事实上，最近的一项研究发现，放弃季度预测的公司吸引了更大比例的长期机构投资者。从短期来看，放弃预测可能很困难，试图停止预测的公司面临着强大的阻力，有时甚至会出现股价下跌的情形，比如之前提及的联合利华公司。但从长期来看，这么做的优势是明显的。

■ 季度财报会议

季度财报会议面临着与季度业绩预测类似的挑战。无论是从逻辑还是从法律规定来看，这样的会议都无关紧要。他们之所以成为企业生活的主要内容是因为，这是一个提供和更新季度业绩预测的论坛。季度性的会议面临着季度业绩预测的大部分问题，尽管程度可能低一些。

但举办季度会议存在潜在的好处。股东全年都可能有值得讨论的好问题，听取这些问题并从股东的角度思考这些问题，对管理者是有益的。从原则上来说，在控制好短期压力的同时，公司应该安排这样的会议。可以把会议安排在离季度业绩公布尽可能远的时间，这似乎是常见的模式。

通过审慎的安排，可把会议讨论限定于过去的业绩和战略前景而不是预测结果。这样，季度财报会议就变成股东了解企业的论坛。管理者可简要地提一提最近的业绩数据，然后专注于大局和长期目标，比如成功推出新产品、开拓新市场和赢得市场份额等。

目前的季度财报会议还存在其他问题。尽管从20年前监管部门就一直在努力确保所有股东都能参加这类会议（公平披露条例）并就自己关心的问题提问，但参加者仍然以金融分析师（其所在的公司专门从事证券销售）为主，优质股东占少数。虽然一些分析师的问题很有价值，但也有很多问题没有价值，而且一些回答看似有用，但许多回答都似有所保留或肤浅或是对已公布资料的重复。

技术的运用也削弱了季度财报会议的价值。高频交易者会在通话过程中使用人工智能进行情绪分析，实时解读通话、语音和消息，而且能在整个会议召开期间即时做出交易决策。高频交易者这么做的目的是从几秒钟的"先知先觉"中获利。

■ 更好的方式

对于希望能在全年保持联系和互动的管理者和股东来说，有很多方式可以选择。最常见的两种方式是直接会面和书面问答，正式的股东联络和股东外展计划虽不常见但时有发生。

定期的书面问答：越来越多的公司不再召开季度会议，而是改为定期的书面问答。公司邀请股东通过电子邮件提出问题，管理者准备好回复，而且为了降低对市场的影响，所有问题都会及时公布。每一份邮件都会被编号存档，在公司网站上进行搜索即可获取。

在线问答可以解决任何一方的问题，而不仅仅是股东的问题，只要来源被及时披露即可。例如，为解决常被问及的问题，管理人员可能会搜索可信的互联网网站（如Reddit网站）。公司还可以主动从股东那里征集问题，奈飞公司就通过在线投票的方式对股东进行调查。晨星公司从一开始就选择了股东问答的方式，星座软件公司于2018年开始采用这一方式。

面对面的会谈：有些公司愿意让股东和经理甚至董事面对面地举行会谈。证券法将公司披露的信息范围限定为公开的信息（如果公司向一个股东披露了非公开的信息，那必须向所有股东都披露这些信息），但这仍然为富有成效的会谈留下了充足的空间。

股东可能希望与独立董事进行接触，在举行年度股东大会期间，股东可在午餐或晚餐时间与他们联络。值得注意的是，与股东互动的董事应提前接受培训，了解法律准予披露的信息范围。对有疑问的问题，董事应保持沉默，公司应提前告知董事允许透露给股东的信息的边界。

精于此道的老手们提出了一些指导方针，读者可根据需要进行选择。列出这些是为了促进交流的成效，而不是为了限制交流。它们是：（1）阐明有关时间、主题和参与股东的政策；（2）阐明选择参与股东的标准；（3）阐明聚会的目的和目标；（4）董事和高管之间做好协调；（5）确认法律合规标准，避免违法违规的信息披露。

这样的会面既有利于确认股东担忧的问题，也有助于增强最初吸引优质股东入股的因素。股东会评估董事，反之亦然。双方的交流有助于确认公司哪些方面做的令人满意，哪些方面尚存在改进的空间。

是否会面应由董事决定。许多董事极力反对与股东联系，而另一些董事则愿意一试。反对者将外展视为投资者关系，不将其视为董事会的工作。支持者则认为外展是公司治理的一部分，维护董事和股东的关系是公司治理的核心。同样，一些CEO支持这类计划，而另一些CEO则不看好其前景。

股东外展活动做得比较好的是摩根大通，该公司的董事向股东宣讲公司的理念，协调公司和股东的利益。在公众强烈要求董事长和CEO由不同的人分任时，董事们则希望由一人兼任这两个职务。他们会见了大大小小的股东，他们相信这些股东能听取他们的意见，并最终取得了成功。

奖励股东：公司可以通过提供额外奖励的方式与股东保持联系，并在股东大会上加强这种联系。奖品往往是以公司产品做成的礼包或价格折扣。它们往往对个人股东，特别是持股量较少的股东而不是机构有吸引力。实证研究表明，采用奖励计划的公司，其股东结构发生了明显的变化：机构股东减少了，而个人股东增加了。数据和分析均表明，提高品牌亲和力会吸引这些股东留下来支持公司的发展。

在优质股东密度较高的公司里，很多公司都给予了股东特权。伯克希尔旗下的盖可保险公司全年给股东8%的折扣。在奥马哈举办的伯克希尔年度股东大会上，众多子公司会在大厅里出售商品（从鞋子和服装到工具和钻石，各类商品应有尽有），所有股东均享受20%的折扣。许多当地的子公司也加入了打折的行列，包括该公司旗下的内布拉斯加州家具商场和在该地区经营的书商子公司。这些子公司的产品广告很有针对性，深深打动了作为消费者和投资者的股东的心。

在多伦多，费尔法克斯的众多保险公司在举办年度股东大会期间向所有股东提供折扣，该公司在当地的餐厅和销售体育用品、瓷器、银器和礼品的子公司也向股东提供折扣。自卢卡迪亚收购了纳帕谷的克利姆森葡萄酒公司以来，卢卡迪亚公司每年都在致股东的信中承诺向购买其葡萄酒的股东提供20%的折扣。当股东到访或者举办特殊的活动时，克利姆森葡萄酒公司仍然给予折扣，其他葡萄酒公司，如查隆葡萄酒集团和威拉米特谷葡萄酒公司也是如此。

许多公司纷纷效仿，嘉年华邮轮公司和皇家加勒比邮轮公司的股东可先使用邮轮再付款，丘吉尔·唐斯公司向股东提供十几条赛道的免费季票。华特·迪士尼的欧洲主题公园继续为股东提供福利，包括股东俱乐部会所，尽管它在美国已停止向股东提供通向魔法王国（Magic Kingdom）的通行证。福特、

IBM和金佰利等公司都向股东提供了大幅度的折扣优惠。❶

还可以利用奖励计划鼓励股东参与投票，这样的奖励对个人股东和员工股东非常有效，他们的投票参与率远低于机构股东，但他们之中可能存在相当数量的优质股东。机构的投票率接近90%，个人股东的投票率仅为30%，但个人股东对现任董事和管理层的支持率高达90%，而对股东提案的支持率则在36%~43%之间。

尽管投票时每一票都很重要，但比较有效的策略是，在不违反法律的前提下，向股东提供具体的投票奖励。一个诱人的策略是，赋予投票的股东指定慈善机构的权利，然后公司可将部分慈善基金拨付给这些慈善机构。为了尽可能减少行政管理负担，一个更为简单的方法是，股东每投一票，公司捐赠1美元给一家预先确定的慈善机构，最好是争议最小的慈善机构。

美国银行连续两年以这种方式增加了散户投资者的投票率。美国银行在委托投票书中明确表示，股东每投出一票，公司就给2017年的特奥会和2018年的仁人家园捐赠1美元。第一年个人股东投票率提高了8%，第二年提高了41%，其中包括大量的员工股东，他们应要求通过内部电子邮件完成了投票，在此之前他们还通过教学视频学习了有关投票和慈善机构的知识。

股东联络：最后，对于那些喜欢常规方法的人来说，设置一个股东联络委员会是可行的做法。这种设置在法国大型上市公司中很常见，委员们定期与董事会成员会面，法国巴黎银行和法国液化空气集团等公司都在其网站上公布了委员名单和讨论的议题。这些公司表示，任何股东都可以成为该委员会的候选人，任期通常为3年。

---

❶ 金佰利公司的股东奖励计划引起了我的共鸣。当我还是个孩子的时候，我的祖母就是金佰利的股东。每当圣诞节来临时，她总是给我们家一个礼盒，里面装有很多金佰利的产品。这一传统促使我在成年后购买了该公司的股票并持有了很多年。一些大型的法国公司，如欧莱雅集团和液化空气集团，做得更多。他们以提高股利或投票权的方式来奖励长期股东，同时吸引个人和机构所有者。

少数情况下，董事会的议程中会留有股东联络委员会提问的时间。各公司采用的基本规则有所不同。有的采用单向规则，即董事会向股东提问，但股东不能向董事会发问；有的采用双向规则，即双方可以互相提问。交流的成效可能会很显著，股东担忧的问题可能引起董事会的注意。尽管优质股东认为季度业绩预测无关紧要，但他们认为与董事会的对话总是有价值的。

如果说历史业绩要比预测的未来业绩更重要的话，那么下一个问题就是如何衡量业绩了。虽然所有的美国上市公司都采用一般公认会计原则（GAAP），其他地方的上市公司大多采用国际财务报告准则（IFRS），但运用同样关注经济价值的补充性指标能使我们获得更多的启示，我们将在第八章讨论这一主题。

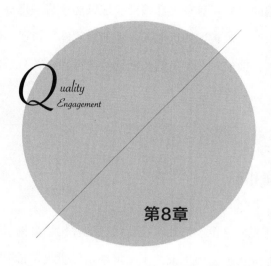

Quality
Engagement

第8章

企业绩效衡量指标

● ● ●

很久以前，管理学教授彼得·德鲁克就提出了这一观点："如果你无法找出衡量标准，那么何谈管理。"研究公司治理的路易斯·罗文斯坦教授补充说，"你管理你能衡量的东西。"这两个无可争辩的观点都指向了一个关键的问题：管理者和投资者应该运用哪些指标来衡量企业的绩效？优质股东对数据如饥似渴，他们喜欢能与自己一起深入探究细节的管理者，他们对有价值的长期业绩数据和相关分析的需求很强劲。

■ 首选的绩效衡量指标

财务报告中有许多描述企业绩效和经营状况的替代性数据，替代性业绩指标包括经济利润、账面价值和股本或资本回报率。优质股东希望公司对首选指标做出解释并且长期坚持使用同一指标（一致性），而不是哪个指标数据好看就选用哪一个。

一致性很重要，因为在任何年份、任何一家公司都能找出业绩数据为正的指标。选择能带来一线希望的论断其诱惑是存在的，比如尽管销售低迷但应收账款周转率比较高；尽管生产出现了问题，但库存周转加快了；虽然资产净值大幅减少，但债务也减少了。

公司之所以能吸引和留住优质股东是因为，他们有勇气年复一年地报告以同一指标衡量的同一核心价值创造的结果，而不管结果传递出来的信息是正面的还是负面的抑或是中性的。优质股东想要看到的是全貌。无论选择了哪种衡量指标，公司都必须解释相关的方法和基本原理。

经济利润是一个对优质股东很有吸引力的指标范例。这是对绩效状况的真实衡量，涵盖了多种因素，包括股本成本。信用承兑公司的CEO布雷特·罗伯茨在2017年致股东的信中讨论了经济利润：

我们采用经济利润这一财务指标来评估我们的财务绩效并确定激励性薪酬。经济利润不等于净收入减去权益资本成本。经济利润是3个变量的函数：调整后的平均投入资本额、调整后的资本回报率和调整后的加权平均资本成本。

率先使用经济利润指标的是可口可乐公司的CEO罗伯特·戈伊苏埃塔。他于1993年开始使用这一指标，在1994年致股东的信中，他把经济利润视为一个核心的绩效衡量指标：

现在我们评估业务部门和机会时主要看他们创造经济利润的能力，而不仅仅看收入或收益的增长率。我们将经济利润定义为税后净营业利润减去用于产生该利润的资本的平均成本。衡量方法的转变促使我们开始剥离那些财务绩效逊色于我们的核心软饮料的业务。

重视经济利润的公司往往能吸引到优质股东。除了可口可乐和信用承兑公司，高乐士公司、皇冠控股公司、国际香料香精公司、李尔公司也都很重视这个指标。

以1996—2018年所有的10K报告为依据，"经济利润"一词在约200家公司的文件中出现了641次。将搜索范围限定在至少出现7次的公司后发现，有20家公司符合条件——其中一半的公司至今仍在使用这个词，包括可口可乐公司和信用承兑公司，另一半的公司最近已经不再使用这个词。

在继续使用该词的10家公司中，有6家名列优质股东排行榜的前30%，其余几家未列入排行榜。在停止使用该词的公司中，只有两家名列优质股东排行榜的前30%，大多数公司未列入榜单。未列入的大多是小规模公司，其中一家公司停用该词时恰逢被发现参与了不法的商业活动。

在最初的名单上出现但在修改后的名单上未出现的其他著名公司包括：3M

公司（1998—2001年）、**波音公司**（2000—2002年）、**柯达公司**（2002—2003年，在数字革命浪潮中退出历史舞台）和**XTRA公司**（1997—2000年，主要是因为2001年被伯克希尔·哈撒韦收购）。

■ 调整后的指标及其解释

很少有企业高管认为，完全遵守GAAP（IFRS）能产生真实可信的绩效和经济结果报表。这正是几乎所有的管理者都会以调整后的其他指标来补充财务报告的原因，他们认为，无论是经济利润还是其他改进后的指标，都能更真实地反映经济现实。

虽然管理者必须就会计结果做出解释，但大多数优质股东理解会计核算固有的局限性。他们欢迎CEO对补充指标的分析，特别是对经济与会计结果之间差异的分析。

公司发生了偶发事件或者多次发生了某类事件后，指标及其分析可能需要调整，比如收购资产或者对无形资产的年度摊销产生争论。致股东的信是解释公司及其CEO所持观点的好地方，最好用通俗易懂的语言进行解释。

会计核算中最常出现的问题是，会计收益和各种经济收益之间有差距，如税息折旧及摊销前利润（税息折旧及摊销前利润、未计利息、税项、折旧及摊销前的利润），这也是讨论会计与经济学之间的关系时最常被提及的问题。虽然有关这一话题的讨论很多，但CEO必须解释这些指标对公司具体情况的适用性。

伯克希尔在其报告中没有只列出营业收益或现金流，而是为被收购的业务补充了一个概念，巴菲特称其为"股东盈余"。现金流通常被计算为：（1）GAAP营业收益加上；（2）折旧费用和其他非现金费用。

但巴菲特的股东盈余还减去了一个因素：（3）企业所需的再投资或"企业为充分保持其长期竞争地位和单位产量而用于厂房和设备的年均资本化开支"。

考虑到（3）远比（2）更具普遍性，巴菲特的指标比典型的现金流或GAAP盈余数字更接近经济现实。最重要的是，巴菲特一直在提供这些信息，而且他解释了这么做背后的原因。

■ 非GAAP指标的滥用

一些非GAAP指标很有用，但一些管理者和会计师可能滥用它们，给人留下错误的印象。在20世纪90年代，利用非GAAP报告欺骗大众变得很流行。时任证券交易委员会（SEC）首席会计师的林恩·特纳讥讽地说，非GAAP指标的运用使许多财务报告变成了"狗屁"——特纳戏谑地称，这样的报告除了不好的内容啥都有。层出不穷的会计丑闻是促使《萨班斯—奥克斯利法案》得以颁布的一个原因，该法案要求证券交易委员会对这种做法实施监管。

作为回应，美国证券交易委员会发布了G条例，要求运用非GAAP指标的公司把这些指标与他们最接近的GAAP指标进行协调，同时禁止各种已变得盛行的误导性做法，例如对各种费用的扣减。即便如此，非GAAP报告仍然是欺诈风险因素，这促使证券交易委员会自2013年以来加大了对相关行为的监管。在随后的几年里，非GAAP报告招致美国证券交易委员会向报告发布者下发了大量的问询函。

非GAAP报告的一个问题是对利润的新界定忽略了"不好的内容"，这是目光短浅的做法。虽然某些时候这样的做法适用于某个公司，但是，当这种做法在整个行业或部门变得流行时，危害就显现了。例如边际贡献，指的是单位销售价格减去单位可变成本，但这一指标忽略了固定成本。这一指标可能对企业的内部管理有益，但固定成本不应被忽视。

批评人士猛烈抨击派乐腾互动、昔客堡、优步和众创空间的母公司采用这些指标，忽略了租金、营销费用和股票期权支付。在拼车公司，这样的指标被称为"核心平台贡献利润"。讽刺的是，这个指标倒是真实地反映了经营这类公司需要支出的费用，但与"核心平台"没有关系。

例如，按照GAAP原则，众创空间的办公室租赁业务的净收入为负，然而，若按"社区调整后"的收益来核算，在忽略了各种必要的支出后，其利润就变成正的了。按照租赁业的GAAP会计原则，费用要按租期以直线法摊销，但众创空间的一些租约只是在前几年给了租金折扣。由于只想展示早期的经济状况，公司把未来的租金费用排除在外了。这是很短视的做法，没什么可取之处。

要想吸引优质股东，管理者就要提供可靠和有价值的财务信息。不要在数字上花过多的心思，不要与投资者要心眼。优质股东对分析工具和骗术很敏感，他们具有慧眼，分得清真假，知道谁值得信赖、谁是骗子。

在讨论会计核算工具和绩效的同时，回顾一下有关数据起伏与平滑的争论也非常重要。

■ 数据要有起伏

布莱恩·布希把股东分为短期持有型、指数型和专注型（优质型），他建议，阻遏短期持有型股东的最佳方式是避免盈余数据平稳。这类股东关注短期结果，这会诱使管理者反复实现短期目标，结果是获得平稳的季度和年度盈余。

然而，管理者是通过让"会计狗"摇"经济尾"、围绕可自由支配的支出做出短期决策或者以其他方式实现这一结果的。

关于这个问题，沃伦·巴菲特指出："我们不会'平滑'季度或年度数据，实际的盈余数据是起伏的，您看到的数据就是起伏的。"想吸引优质股东的管理者也应该这么做，他们不能平滑过高或过低的数据，而是要帮助股东了解数据起伏的原因。

平稳的会计结果反映的是易吸引短期持有型股东的短期管理思维，关注长期的经济结果能吸引优质股东。目光长远的股东能平静地面对波动性，而着眼于短期的股东会因波动而进行交易。正如马克尔公司的汤姆·盖纳在2013年致股东的信中所阐述的：

在许多组织里，波动会让人发疯。经验表明，人们很想把波动压下去，制造一个世界风平浪静的假象。我没有这种错觉。如果我们过于害怕波动，我们就应该放弃我们的股票投资组合，因为股票的涨跌幅度往往大于债券。我们认为，不合理地降低报告中业绩数据的波动性会损害公司的长期盈利能力，而且与股票的短期持有者相比，这么做对长期股东利益的损害更大。

GAAP和IFRS规定了广泛适用的会计原则，建立了能够对公司进行全面比较的体系，因此非常有意义。但每一家公司都是独一无二的，需要用适宜的指标来阐明每一项业务及其特定的经济状况。因此，管理者应该把一般原则与具体指标相结合，向股东提供实用和可靠的会计信息。优质股东通过这些信息能够评估董事和经理是否履行了其最重要的职责——资本配置，我们将在下一章探讨这一话题。

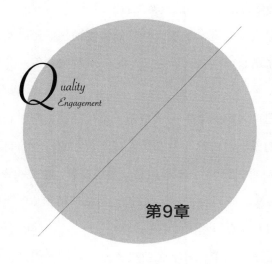

第9章

资本配置

● ● ●

"我们的目标不是拥有最长的火车，而是要让火车以最少的燃料率先到达车站。"这句话出自汤姆·墨菲之口，他曾担任过大都会通讯公司和美国广播公司的董事长兼CEO，长期担任伯克希尔·哈撒韦公司董事，他的这句话道出了成功的资本配置的目标。

墨菲被许多人视为资本配置大师，他告诫说，不要收购太多的公司，不要仅为了增长而增长，而是要从每一次收购和每一分投资中获得最大的回报。

这位资本配置大师的学生——威尔·桑代克在《商界局外人》一书中总结了他的做法：专注于具有诱人经济特征的行业，有选择地利用杠杆购买特殊的大型房产，改善运营，偿还债务，重复投资。

为了驾驶最快、最高效的列车，CEO们应当了解资本配置的相关知识。这么做的CEO能吸引到优质股东。

资本配置是一个简单地表示企业投资方式的技术用语。资本可被配置于多种用途：通过偿还债务或建立现金储备来改善资产负债状况，为维持或发展现有业务提供资金、收购业务、回购股票或支付股利。优质股东重视资本配置记录良好的公司，一般看其资本回报率以及管理者的资本配置观。

然而，资本配置是一种通过培训和投资经历学习的做法或思维习惯。虽然并非所有的公司领导人都具有投资背景，因为许多人都是从研究、设计制造、生产或销售岗位提拔上来的，但这一技能至关重要，而且这是可以学习的。在西普瑞思2017年致股东的信中，罗伯特·基恩就强调了资本配置和CEO的成功之间的关联：

> 我真希望自己在多年前就明白资本配置的重要性，但现实是，西普瑞思把资本配置作为明确的重点管理领域才刚刚进入第四个年头，因此我们仍在学习和完善我们的内部流程。但亡羊补牢为时未晚，作为首席执行官、创始人和重要的股东，我现在把大量的时间都花在了与资本配置有关的活动上，我认为这是我至关重要的责任。
>
> 菲尔·奥德韦是一位典型的优质股东，他主张把资本配置确定为公司优先考虑的事项。在撰写的论文和发表的演讲中，他都重点介绍了十几家在资本配置方面堪称典范的公司，包括亚马逊、汽车王国、西普瑞思、信用承兑、汉瑞祥、晨星、奈飞、菲利普斯66、宝氏控股、得州仪器和威伯科控股等。

■ 资本配置框架和衡量指标

图9.1展示了一个思考资本配置和组织相关讨论的框架，这并不是指导性的路线图，因为在不同的时间段，不同的公司和管理者对优先事项的选择各有不同。事实上，超额现金的各种用途既不相互排斥，也没有既定的次序，也就是说，可以把资金配置于下文表中所展示的所有用途和事项。

从衡量资本配置效率的一般方法开始谈起。首先，计算出任何给定年份公司可用于投资的平均资本额：先估算出股东的投资额，然后每年都加上增加的净收入和发行股票的收益，之后减去股利，再减去股票薪酬支出。

接下来计算出平均投资资本的回报率，将其视为衡量整体业绩状况的指标，例如用净收入占投资资本的比例作为衡量资本配置效率的最终指标。

为了使资本回报率（ROIC）持续最大化，要依次权衡公司的每个项目。逐个计算每个项目投资资本的税后内部收益率（IRR，即项目现金流的净现值为零时的比率），包括用于再投资和收购业务的资金。确保所有公司人员都接受过培训，都能熟练运用这些工具。为便于监督，董事会应定期为所有项目类型设定门槛收益率（当项目的实际收益率高于这一门槛值时，在接下来的资本配置中将容易获得资金）。

听起来很严格，但要注意，内部收益率是一个复杂的、面向未来的指标，需要对其进行研判。负责业绩衡量的管理者自然会倾向高估这个指标。为了弥补这一缺陷，可再计算出一个衡量整体年度资本配置效率的指标。一个更富有历史性、更不需要相关人员做出判断的简单方法是：将当年的资本回报率与有机收入（未收购）的年增长率相加，将所得的数据与门槛收益率进行比较。

图9.1所示的所有资本配置机会都可以运用这些工具，这是吸引优质股东的绝佳方法。

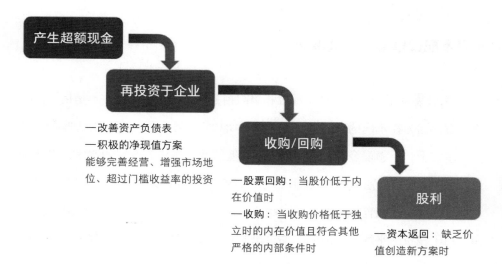

图9.1 超额现金下的资本配置框架

得州仪器的管理层已经这么做了，他们将资本配置视为公司的重中之重。长期以来这家公司一直在有意识地培养优质股东，而且在这一方面做得相当成功。事实上，在其最初的私募投资者中，就有大名鼎鼎的菲尔·费雪。这位典型的优质股东从未卖出过这只股票，这些年来还不断增持，最终成为了该公司最大的股东之一。

如今，虽然得州仪器与其他公司一样，股东基础中有不少大指数型股东（合计持有约20%的股份），但也有令人印象深刻的优质股东，包括涌金资产管理公司、马萨诸塞金融服务公司、普信集团公司、资本研究全球投资者公司、资本世界投资者公司、亨德森集团、资本国际投资者公司、富兰克林公司、联博控股公司、州立农业保险公司、贝塞默集团和戴维斯精选顾问公司。在得州仪器网站的投资者网页上很容易找到该公司有关资本配置的简要声明，该公司的透明度和负责任的态度对优质股东是非常有吸引力的。

得州仪器：资本配置原则

我们的资本管理战略反映了我们的这一信念：自由现金流的增长，特别是按每股计算的增长率，对长期价值的最大化最为重要，而且自由现金流只有在高效地再投资于企业或返还给所有者时才有价值。我们的商业模式和竞争优势使我们的公司始终能够产生稳定的自由现金流增幅，虽然有时处于困难的宏观经济或市场环境中，但我们的每股自由现金流在过去10年里一直保持稳定和增长。

强劲的资产负债表使我们能够提供充足的养老资金和获得低息贷款。在利率很低的情况下，只要划算，我们就会继续保持借款。即便如此，我们还是会明智地利用借款，在保持战略灵活性的同时，避免借款同时到期。综合来看，这些因素使我们在面向未来投资的同时，仍有多余的现金回报股东。在2009—2018年的这10年时间里，我们在各个领域投入了770亿美元的资金，包括：

- 320亿美元用于研发、销售和营销、资本性支出和购买存货，这些都能促进企业的有机增长。我们的研发支出审核很严格，主要用于我们认为具有最大增长潜力的市场……

- 250亿美元用于回购股票，这么做的目的是为长期投资者实现自由现金流的增值。我们的回购标准是一贯的，主要看在合理的增长假设条件下，股价是否低于其内在价值。

- 130亿美元用于支付股利，目的是吸引更多关注可持续性和股利增长的投资者。

- 70亿美元用于无机增长型收购……我们从两个角度看待被收购的目标。首先，待收购对象必须与本公司具有战略上的匹配性，即处于工业和汽车行业或与这两个行业关系密切；其次，它的财务绩效必须达到一定的水平，其资本回报率要高于我们的加权平均资本成本，例如在大约4年的时间内……

我们的目标是，将我们所有的自由现金流以股利和股票回购的形式返还给股东。我们利用一个可靠的模型来分配股利增长和股票回购所得的收益。

■ 再投资

我们来谈几个具体的资本用途。

虽然资本配置具有不稳定性，但企业最优先考虑的事项应该是对现有业务进行再投资以增强其竞争优势。公司领导层和优质股东在意的是，从管理的角度来看，这些资金用途的前景是否光明。管理者通常是乐观的，这是企业家应有的一个特征，但也不能过分乐观。内部收益率（IRR）和最低收益率等标准的衡量指标以及相关的监管都有助于遏制管理者的盲目乐观心态。

再投资的另一个方面是完善资产负债表。为了应对随时可能出现的经济困境，企业需要充足的流动性。正如罗维斯公司来自蒂施家族的高管所指出的那样，在有能力时筹集资金要比在需要时再筹集容易得多。然而，适度很关键，资产负债表上的现金太多可能会让董事和高管都感到尴尬。

宣伟公司的领导层采用的是明确一致的资本配置理念，他们向股东解释了其中的原因。该公司管理层所持的立场有些极端，他们不愿意持有现金，更青睐其他用途或向股东派发股利（图9.2来自于2019年该公司CEO展示的一张幻灯片，这张图很好地反映了该公司的这一理念）。

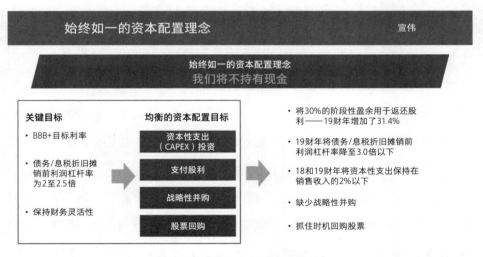

图9.2　始终如一的资本配置理念

并非所有的公司都适合这种方法，因为许多公司更愿意完善资产负债表或者为未来的机遇留存资金。

注意，这样的资本配置理念对宣伟很有效，该公司解释了其框架以及该框架对业务、文化和目标的适用性。他还提供了一份业绩记录，其中包括一个令人羡慕的股东名单，排在前面的是优质股东，包括资本世界投资者、马萨诸塞州金融服务公司、富达管理和研究公司、菲耶拉资本、亨德森集团、普信集团公司、联博控股、梅里蒂奇集团、芬德利·帕克投资公司（Findlay Park）、资本研究全球投资者公司、法拉龙资本管理公司和奇尔顿投资公司。

■ 收购

接下来谈谈新业务的收购。测试这一用途的资本配置效率的方法很简单，那就是看收购能否让现有股东手里的股票变得更有价值。这意味为收购支付的价格要低于目标公司独立时的价值，理想的情况下，预期的内部收益率（IRR）要高于预设的门槛收益率。

尽管测试方法很简单，但收购是造成企业资本损失的一个常见原因。在这个环节，管理层要对乐观预测持怀疑态度，这一点至关重要，比如对协同效应产生的价值或对收购后获得的其他机会的预测。

公司被收购后经营状况得到改善是价值创造的一大源泉，但管理层并不总是向投资方提供足够信息来全面或客观地评估收购建议。他们会提供看似具有说服力的预测和看似合乎逻辑的商业理由。

收购可能是激动人心的，可能使管理者兴奋不已，激发他们的乐观主义精神。为了获得优质股东的支持，管理层可以淡化收购的预期，闭口不谈有关协同效应和其他难以捉摸的价值问题。一个更好的方法是，收购后不断更新业绩分析，比较预期的内部收益率和实际的资本回报率，确定二者存在差距的原因。

另外要注意的是，最好用现金而不是股票来支付收购款项。使用股票支付会抬高股价，给人以假钱的感觉，股票更像是扑克筹码。

汉瑞祥是一家从事口腔和医疗保健产品生产和分销业务的公司，该公司以价值为依据配置资本（包括评估收购计划），取得了惊人的成效。近几十年来，该公司完成了200多宗收购案，同时在有机增长、新产品线和新区域市场的开拓方面投入了大量的资金。图9.3列示了该公司2015—2019年完成的11次重大收购。

牌科市场的关键性收购案		
关键的收购	描述	最近12个月（LTM）的收益*
诊所地（Cliniclands）（2019年）	进入瑞典牙科市场	1000万美元
武汉洪昌齿科（2019年）	扩大了在中国的牙科业务	4000万美元
门登特斯/英彻—洛克/普罗—凯姆（Medentis/Intra-Lock/Pro-Cam）（2018年）	增强了全球种植牙供应能力	4500万美元
正畸2（Ortho2）（2017年）**	提高了牙齿矫正软件供应能力	1400万美元
牙髓治疗（Edge Endo）（2017年）	增强了解决牙髓问题的能力	1700万美元
SAS（2017年）	增强了牙科手术用品的供应能力	7200万美元
马洛登特（Marrodent）（2016年）	进入波兰牙科市场	3200万美元
CAP（2016年）	扩大了在美国的实验用品业务	3000万美元
大秘宝（One Piece）（2016年）**	扩大了在日本的牙科业务	1.25亿美元
克莱默牙科（Dental Cremer）（2016年）	扩大了在巴西的牙科业务	1.45亿美元
特雷牙科（Dental Trey）（2015年）	建立了在意大利的牙科业务	4900万美元

*收购完成后以美元计算的近12个月的收益
**未兼并的

图9.3 口腔市场的关键收购案

资料来源：汉瑞祥2019年第3季度投资者报告

■ 股票回购

至少有一个资本配置决策能直接提高股东基础的质量，那就是股票回购。当企业购买自己发行的股票时，其需求最有可能得到满足的群体就是短期持有型投资者，顾名思义，他们随时准备卖出股票，这自然会增加长期投资者持有的股份，比如优质股东。

但是，只有当公司支付的价格低于对股票内在价值的保守估计时，股票回购对股东来说才是合理的，此时的资本配置是明智的，否则就是在浪费资本。

在20世纪70年代和80年代，回购并不常见，因为派发股利是公司向股东分配利润的流行方式。在此期间，有几位先驱脱颖而出，他们是可口可乐公司的罗伯特·戈伊苏埃塔、罗维斯公司的拉里·蒂施、特利丹公司的亨利·辛格尔顿和华盛顿邮报公司的凯·格雷厄姆。在那个时代，这些先驱所在的公司遵循教科书中的方法，在价格低于价值、没有更好选择时将股票回购作为一种资本配置活动。

传奇的特利丹公司高管亨利·辛格尔顿（1916—1999）被视为支持股票回购的明星。正如普雷姆·瓦萨在1997年指出的：

亨利于1961年创立了特利丹公司，当年发行了大约700万股，并通过收购使公司不断发展壮大，在外流通的股票于1972年达到了8800万股的峰值。从1972—1987年，早在股票回购的做法变得流行之前，亨利就把流通在外的股票减少了87%，降至1200万股。亨利在特利丹任职的27年间，每股账面价值和股价的年均复合增长率超过了22%，这是业界最出色的业绩记录之一。

到了20世纪90年代末，回购已成为美国企业界的普遍做法。这种做法的激增引发了新的担忧：拥有优越估值信息的管理者在折价买入时是否压榨了卖出股票的股东。为打消这一疑虑，管理者必须向股东提供所有相关的估值信息，否则，内部人士会利用股东的不知情，以白菜价侵害他们的利益，这是优质股东深恶痛绝的做法。

沃论·巴菲特曾对投资者提出过这一建议，即别人贪婪时要恐惧，别人恐惧时要贪婪，这同样适用于做出资本配置决策的管理者。这一原则在资本配置方面最明显的应用实例就是股票回购。公司都会犯决策错误，要么是在价格过高时决定买入，要么在价格暴跌时没有及时买入。

有两家公司在这一方面做得非常出色，赢得了广泛的赞誉。一家是涂料制造商宣伟公司，在2008—2009年的金融危机中，该公司不持有现金、低价回购股票的政策让其大大获益。当时金融市场萎靡不振，绝望情绪蔓延，许多公司都停止了股票的回购，宣伟则不然，它在此次危机中持续回购股票，为长期股东创造了可观的价值，这一做法得到了优质股东的赞许，而且几乎可以肯定，这样的好结果是因为公司制定了明确、一贯的资本配置政策。

另一家值得一提的遵循了资本配置框架、择机回购股票的公司是威伯科控股，它是一家国际货车运输技术公司。2011年末，欧债危机爆发给欧洲大陆的大部分地区，尤其是希腊，蒙上了一层阴影。关于经济二次探底的舆论让整个市场人心惶惶，威伯科的股价下跌尤为严重。但该公司看涨其股票，因而大幅增加了回购量。在报告加强计划时，该公司也强调了对未来发展的信心，这些举措缓解了市场的恐慌，澄清了一些误解。

回购会自动增加每股收益（EPS），并有助于提振股价。优质股东对这些影响保持警惕，而且他们反对管理者单纯为了获得这样的影响而回购股票，他们支持理性地配置资本的管理者。因此，他们对所谓的回购通用模式或配额持怀疑态度。此外，由于回购会自动提高每股收益，如果这一指标是管理层业绩评估或薪酬的重要组成部分，那么董事会必须保持警惕，要防止旨在提高高管薪酬的股票回购。

最后，选择支付现金股利还是回购股票时，要考虑到这两种方式对股东和期权持有人的影响存在很大的差异。股利增加了股东的回报，但降低了期权的价值，而回购提高了每股收益，因而增加了期权的价值。持有期权的管理者和所有其他股东之间的利益冲突隐约可见。这正是优质股东对高管期权薪酬高、股票回购额度大的公司持怀疑态度的原因。在许多这样的公司里，更好的资本配置方式是给股东派发股利。

■ 派发股利

有关股利的资本配置决策也能直接影响股东基础。定期派发股利让股东有了在困难时期坚守的理由，股利就像磁石一样，能吸引股东延长持有期，有时还会使股东们增持。这一观点是彼得·林奇所强调的，他是一位崇尚多元化的选股人，以选股人和作家的双重身份而天下闻名。

一小部分公司声称，在过去的50年里，他们支付的股利越来越多，如可口可乐、都福集团、通用配件、荷美尔食品、强生和宝洁等公司。即便是维持10年稳定的股利增长也是很困难的，目前仅有不到300家公司做到了这一点。

另一个极端是，一些公司从来没有或最近没有支付过股利。原因多种多样，有的是因为追逐绚丽的增长机会，有的是因为管理层意见不统一。无论选择什么方向，CEO们都最好在致股东的信中解释资本配置政策和做出的选择。

■ 董事会监督

公司法规定，董事会负责批准重大收购和派发股利的决策，实际上董事会也要负责批准股票回购计划。❶除了这些，董事会还肩负着一项重要的职责：为再投资和收购设定适用的最低收益率。

---

❶ 如特拉华州普通公司法第154节（关于股利）、第160节（从技术上讲，回购并不明确要求需经董事会批准，但违反法律规定时，董事要承担个人责任）和第251节（关于兼并）。

特别重视资本配置的公司可考虑在董事会设立一个具有监督职能的委员会。平均来看，标准普尔500指数成份股公司的董事会下设4个委员会。其他约30%公司的董事会下设一个资本配置、金融或投资委员会，设立了这种委员会的少数公司包括汽车王国、丽景中心（Regency Center）和普拉亚酒店（Playa Hotels）。这些委员会的职责是对所有重要的投资进行事后审查，特别是与有机增长计划、收购和股票回购有关的投资。

如果说培养优质股东的一个优势是发展关系和吸引潜在的董事，那么资本配置就是一个优质股东大有可为的领域，信用承兑公司的经验充分说明了这一点。该公司的资本配置原则清晰一致，重点看最低收益率，回购股票时要看价格和内在价值之间的差异。事实上，该公司多年以来在致股东的信中都会重申这句话：“只有当价格达到或低于我们对内在价值的估计时，我们才使用多余的资金回购股票。”公司的CEO是行业内的翘楚，他承认，从优质股东中选出的两位董事在资本配置方面比他强。只要董事会有这样的专家坐镇，且董事会的其他成员能从他们身上学习，那么就不需要再另行设立资本配置委员会了。

董事会必须在所有决策中贯彻资本配置原则，这有可能导致公司运用各种战略性交易模式，例如出售、分拆、剥离或追踪股票等，这是我们下一章要探讨的主题。

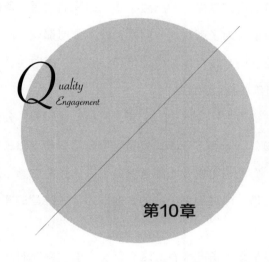

Quality
Engagement

第10章

追踪股票和分拆剥离

● ● ●

俗话说"整体大于部分之和"，但通常情况下，这句话反过来说才是对的，而且"部分"本身更有价值。

对于公司来说，一个获取更多价值的简单方法就是出售高价值业务，这种做法虽然司空见惯，却产生了不利的税后结果，最终损害而非增加了股东价值。为了解决这一问题，许多公司都设计出了更好的替代方法，运用这些方法可以把价值传递给股东，同时也获得了细分股东基础和吸引优质股东的优势。

这种交易被统称为"分离式"交易，包括追踪股票、公开发行子公司少数股权和分拆剥离。分离式交易对母公司和独立出去的企业都有潜在的好处。母公司可以专心经营保留下来的核心业务，股票的定价会变得更为合理，而被剥离出去的企业成为自主经营的实体，获得了新的身份。

从塑造股东基础的角度来看，这类交易产生了额外的好处：追踪股票有助于区分优质股东和短期持有型股东，优质股东与核心业务密切关联，短期持有型股东与非核心业务密切关联。管理层也可以利用对非核心业务的剥离来安抚、阻止或挫败激进股东的图谋。这些交易和类似的交易有时可能违反了大型指数机构的筛选标准，导致公司被这些指数除名，如标准普尔500指数，这对希望降低指数型股东密度的公司而言是好事。

■ 追踪股票

对一家公司来说，细分股东群最简单、最见效的方法是创造多只追踪股票。这一方法旨在为不同的业务匹配不同的股东群体，而无须将他们分割为不同的法律实体。例如，需要长期研发投资、产品周期长的业务应该吸引长期股东，而现产现卖普通商品的业务可能更吸引短期股东。

追踪股票是母公司发行的用于追踪子公司经济业绩的股票，乔治敦大学税务学教授马丁·D.金斯伯格于1984年提出了这种股票的构想，他是鲁思·贝德·金斯伯格大法官的丈夫，现已去世。金斯伯格教授原本是为了解决传奇的得州亿万富翁H.罗斯·佩罗面临的难题才提出了这一构想，但他的设计一直被沿用至今。

1984年，通用汽车公司收购了佩罗的电子数据系统公司，当时许多员工股东都担心，在通用汽车这个庞大的王国里，电子数据系统公司的业绩将无法得到体现。他们希望，不管通用汽车的其他子公司业绩如何，电子数据系统公司的优异业绩能得到奖励。最终这一问题的解决方案是：电子数据系统公司接受了通用汽车公司发行的股票，但这种股票的业绩与电子数据系统公司的经济状况和持有时间挂钩，被称为"E类股"。

金斯伯格教授的设计大获成功，第二年，通用汽车公司如法炮制，用"H类股"收购了休斯飞机公司。这两种追踪工具被保留了十多年，直到通用汽车公司后来剥离了这两项业务并将所有追踪股票分配给通用汽车的股东为止。通用汽车公司的追踪股票对所有相关人士都产生了良好的影响，尤其是对佩罗先生，他以在乔治敦大学设立讲席教授职位的方式表达他的感激之情，即设立了马丁·D.金斯伯格税务学讲席教授一职。

金斯伯格模式：当公司发行股票时，股东对公司享有多项权利，董事会控制大局并对所有股票持有人承担相关责任，政府征收相关的税收。追踪股票赋予不同的股东群体相应的权利，不放弃董事会的特权，不否认董事会应尽的职责，同时还延迟了纳税。

追踪股票条款将母公司的控制权放在了董事会，提供了追踪目标企业经济业绩的机制，并为母公司各单位之间的交易设定了公平的政策。董事会通常根据目标企业的现金流派发股利，保留将追踪股票转换为母公司普通股的权力（"解约"特征），并承诺在出售被追踪企业的资产时赎回股票。除此以外，追踪股票与母公司的普通股在投票权和母公司清算时的权利等方面大体相同。

追踪股票结构的具体优势取决于不同业务的特点及其相互作用。运用这种模式的好处包括：当一项业务产生了大量应税利润而另一项业务产生了大量亏损时，两相抵消后，公司可少纳税；合并资产负债表，降低借款成本；免受反垄断法的制约，该法禁止两个独立的企业协调经营，但属于同一母公司的业务单位之间进行协调是合法的；以追踪股票作为管理者的薪酬能够激励他们提高企业的业绩。

追踪股票的兴起：最早的追踪股票是为通用汽车公司的收购量身定制的，但这一手段很快就被其他公司采用了。1991—1992年，美国钢铁公司通过统一控制德里集团和马拉松石油等不同的子公司实现了协同效应，这些子公司共用天然气加工厂，共享低成本的借款（利率比独立时低）。但这些子公司的业务有着独特的经济性，因此运用追踪股票既能保持共同控制的优势，又能对被追踪的业务进行诊断，这对股东和管理者皆有利。这一方案有效运行了10年，直到美国钢铁公司将马拉松石油公司剥离。

1995年，美国电话电报公司应政府的反垄断要求被分拆，一家拥有有线电视和通信资产的地区性电话公司——美国西部电气公司随即诞生。长期投资者被这家电话公司的稳定性所吸引，认为其业务不像媒体业那样波动，而寻求快速增长的短期投资者则正相反。追踪股票满足了两类投资者的需求，同时将所有的经营置于共同的控制之下，公司经营实现了协同。为了进一步满足投资者的需求，公用事业部门定期支付股利，而媒体业务部门则将收益进行再投资。随着形势的变化，这种模式也可能被取消。1998年，协同效应难以实现后，美国西部公司剥离了其媒体业务。

20世纪90年代中期，标志性投资者和电信大亨约翰·马龙利用追踪股票对他数十年来通过电信公司收购的各种媒体资产的经济性进行了划分。除了反垄断、税负等方面的优势，马龙还意识到，从运营的角度看，把有线电视资产与节目结合要比把它们分离好。尽管，它们具有不同的经济属性。在这样的企业运用追踪股票能够产生更高的市盈率，当以股票为支付工具收购其他公司时，较高的市盈率是一大优势。

电信公司的交易十分复杂和前卫，这招致了一些人的批评。他们称，所有发行追踪股票的母公司的董事会需要调和不同子公司之间的利益冲突。电信公司的招股说明书上也写了同样的话，然后只简单地表示了对其董事履行职责的能力有信心。批评人士说，"这暗含了'要相信我们'的意思"，他们敦促董事会提出结构性的解决方法，比如设立独立的委员会。但是，没有任何治理手段能解决这类问题，关于追踪股票的一个事实是，为了使其对各方都有利，母公司的董事会必须是值得信赖的。

引发争议：优质股东比尔·鲁安曾感叹道："华尔街的一般规律是：创新、模仿、最终走向不理性。"追踪股票也是如此，20世纪90年代后期，在非理性繁荣的刺激下，这类股票在技术行业激增。一般是一家传统公司提供追踪一家互联网子公司的股票，比如书商巴诺发行的追踪其电子零售公司的股票，迪士尼发行追踪Go.com网站的股票，经纪公司唐纳森、拉夫金 & 詹雷特发行追踪在线交易公司DLJ直销的股票，出版商齐夫·戴维斯集团发行追踪网络运营商ZD.net的股票。

2000年中期这一风潮接近顶峰，市场上交易的追踪股票大约有30只，其中有一半是在泡沫时期发行的，还有几只中途被叫停了，包括追踪杜邦生命科学业务的股票、追踪网络版《纽约时报》的股票和追踪史泰博网站的股票，其他的追踪股票很快就终止交易了，包括迪士尼和DLJ【当时为瑞士信贷集团所有】。科技市场复苏时，市场对追踪股票的需求仍然低迷。尽管2001年和2002年仍有一些追踪股票问世，但到了2003年或2004年，再也没有新的追踪股票出现了。

　　来自价值投资界的知名人士也对这一模式持怀疑态度，如哥伦比亚商学院教授布鲁斯·格林瓦尔德和《华尔街日报》的资深记者罗杰·罗文斯坦。他们对许多公司的追踪股票提出了质疑，认为发行这种股票是"在猪嘴上抹口红"或"在泰坦尼克号上重新排列躺椅"。高效市场理论的支持者无法想象所有权结构会如何影响市场对企业的估值。

　　在泡沫时期，许多公司较少使用追踪股票来解决棘手的商业问题（可以通过独立审计轻松地解决这些问题）。许多公司缺乏发行追踪股票的令人信服的理由，比如协同运营、相互依存、税收效率或收购机会等。仅仅重复美国西部电气的做法是不够的，这样的理由无论如何也站不住脚了。

　　尽管使用追踪股票的大潮退却了，但对于管理着自由媒体公司且面临着众多挑战的约翰·马龙来说，它们是理想的工具。到了2005年，自由媒体公司成了一个由各种各样的媒体资产组成的极为复杂的混合体，业务亟需简化。约翰·马龙首先剥离了两项业务：所有的国际媒体资产和发现通信公司50%的股份。不过，自由媒体公司认为其股价被低估了70%。

　　为应对这些挑战，自由媒体公司发行了两只追踪股票，一只追踪自由互动传媒公司，一只追踪自由资本公司。自由互动传媒公司拥有电视购物频道QVC98%的股份，该频道的现金创造能力极强。此外，自由互动传媒公司还拥有旅游网亿客行22%的股份，拥有互动公司（InteractiveCorp）22%的股份，还持有询问杰福斯网站（Ask Jeeves）、票务大师（Ticketmaster）这类公司的股票，因此自由互动传媒公司的经营得到了强大的支撑。

　　自由资本公司拥有所有其他资产，如招股说明书中所述的，包括视频节目、有线电视、卫星、互联网和其他分发媒体与发展有关的通信技术及服务，换句话说，与电信相关的所有资产。这些资产包括各种业务和证券，如全资子公司斯塔兹（Starz）有线台、摩托罗拉和新闻集团（News Corp.）的公共股本以及各种复杂的对冲工具。

自由媒体公司由此创造了两套资产，它们吸引着不同的投资者。那些喜欢QVC和其他以简单的业务产生大量现金流的资产的投资者可以选择自由互动传媒公司，那些偏好买卖各种媒体资产和金融对冲交易记录的投资者可以选择自由资本公司。

当追踪股票提高了公司的总估值时，公司以股票支付收购款项会有优势。对于自由媒体公司来说，这一点在2008年金融危机最严重的时候得到了显著体现。当时该公司收购了卫星广播运营商天狼星卫星广播公司（SiriusXM），这是本世纪最成功的投资案例之一，迄今为止，其总回报超过了初始投资的38倍，甚至超过了沃伦·巴菲特在危机时期完成的那些著名的投资。

批评人士会说，当母公司股票被低估时，董事会可以回购股票，直到股价得到纠正；当公司的业务过于复杂时，就应该简化业务。自由媒体公司尝试过这两种方法，但收效甚微，股票依然被低估。使用追踪股票的成本包括制订和实施追踪股票计划所需的内部管理资源以及向分析师和投资者进行解释和说明引起的外部成本。但这些成本并不高，而且如果计划失败，也很容易被撤销，由此增加的成本也不多。

这一问题最终导致了一场神圣而严肃的争论，追踪股票是纯粹的金融工程（没有增加任何基本价值），还是一项通过巧妙地组合资产来满足不同投资者需求的金融成就（能够增加价值）。考虑到互联网行业的经历，几乎所有公司都能做出判定，但对于约翰·马龙和自由媒体公司来说，结论尚不明确。

毕竟，同一套批判逻辑下，反对分拆剥离也是正确的，然而历史已经证明了追踪股票的价值。2008年，《华尔街日报》宣称追踪股票是"濒临消失的遗迹"。2016年，金斯伯格教授曾经工作过的弗里德·弗兰克律师事务所的税务律师致歉，称他们公布的有关追踪股票已绝迹的报告"大大夸大了事实"。新一轮的追踪股票潮已出现，而且发行者往往能提供令人信服的理由。

2013年，主营业务包括与专业的运动员签订单独的品牌合约的范特西（Fantex）发行了与这些合约的经济价值挂钩的追踪股票。2014年，产权保险公司富达国民金融公司发行了与其核心业务以及被投资企业挂钩的追踪股票，该公司主要投资于个体经营企业。2016年，戴尔在收购易安信公司时使用了追踪股票，用于追踪易安信持有80%股份的子公司VM软件公司。

美林证券的研究人员在2016年发表的一篇论文中列出了使用追踪股票的常见好处和成本，他们强调指出，只有当公司能够提供令人信服的理由时，使用追踪股票才有意义。研究人员用整整一页的篇幅描述了近12只自由媒体公司发行的追踪股票后表示："自由媒体公司在2004—2015年间发行的追踪股票和分拆股使该公司投资者的业绩比标准普尔500指数高出了200%。"

除了细分短期持有型股东和优质股东，追踪股票也可以显著减少指数型股东的数量。这是因为许多指数机构都把发行追踪股票的公司排除在外，例如标准普尔500指数，一些指数机构同样把具有双重股权资本结构的公司排除在外。

■ 分拆剥离

近年来，要求集中（非多元化）经营的呼声不绝于耳，管理者发现，证明企业集团化经营的合理性越来越困难了。有几家公司的例子证明，从组织的角度来看，多元化扩张是合理的，伯克希尔就是一个突出的范例，但人们普遍认为，这是个特例，不具有普适性，至少在保险业之外的行业里不具有普适性。对大多数公司而言，无法找出集团化经营的正当理由时，激进股东就会采取行动，迅速撤资。公司为了避免这样的命运，为了赢得优质股东的青睐，就需要定期制订和实施增长及缩减计划。

长期以来激进股东一直对业务分拆剥离情有独钟，这是最常见的分离式交易形式。母公司向子公司的所有股东宣布发放免税股利，支付股利后，子公司成为独立的实体。

在20世纪90年代，分拆是一种常见的公司交易类型，约有325笔交易是在这10年里完成的。此后一直到2015年，这类交易的数量有所下降，之后又兴盛了起来，而且变得更加频繁。引人注目的分拆交易包括（所有的交易都是在激进股东的敦促下完成的）：易贝分拆贝宝（PayPal）（在卡尔·伊坎的敦促下），易安信分拆VM软件（在埃利奥特管理公司的敦促下），铁姆肯分拆其钢铁业务（在关系投资者公司的敦促下）。

以丹纳赫公司为例，这是一家在多个行业和多个平台经营的企业集团，由米契尔和史蒂文·雷尔斯兄弟于1983年创立。尽管他们很久以前就不再担任管理职务，但仍然拥有12%的股份。2015年，激进股东对冲基金第三点向该公司发出了分拆的信号：其收购了该公司的一小部分股份，比例不到公司总股份的0.5%。当时，丹纳赫公司自豪地称至少有30位长期股东将他们投资组合内3%的资金配置给了自己，这部分的股份总和是激进股东的好几倍，还有其他几个股东的投资组合给该公司的股票配置的资金较少，但加起来的股份也不少。

这些长期股东的支持巩固了雷尔斯家族的所有权，丹纳赫成功应对了激进股东施加的压力，但不一定能够击败了对冲基金第三点公司。为了保持其之前的运营模式，丹纳赫采取了两个步骤：首先，他完成了有史以来规模最大的一次收购。其次，他将收购后的公司与工业工具领域的一些相关资产合并，成立了一家新公司，然后把它作为一家独立的公司再分拆出去，从而获得了60亿美元的收入。丹纳赫保留了其余业务，成为了年收入高达170亿美元的多元化生命科学公司集团，而且仍以过去的模式经营，这意味着它仍然是一家择机收购、多元化经营、分散化管理的工业公司。

从几十年来的实例看，分拆剥离有多种用途。既可被用来剥离缺乏持续战略契合度的业务，比如1996年美国电话电报公司剥离了通讯设备制造业务和计算机业务，也可被用来拆分企业集团，例如1995年ITT工业集团被一分为三。1998年，阿勒格哈尼公司在著名的投资经理约翰·伯恩斯的领导下，剥离了芝加哥产权公司的业务，创立了一家新的独立保险公司，初始市值超过了10亿美元。

一些管理者利用分拆剥离的方式清理问题缠身的业务，如泰科国际在财务丑闻爆发之后的几年里多次剥离其业务。还有一股分拆剥离潮涉及分割公司的地产权益，通常是成立税负较低的房地产投资信托，梅西百货和米高梅集团等企业都是这么做的。

然而，分拆剥离的结果可能有好有坏。多次完成分拆剥离交易的一个范例是综合基因技术公司（IDT），由霍华德·乔纳斯创立和长期经营。2014年，其子接替了他的职务。该公司及其创始人得到了高度的评价，并取得了可观的股东回报，尽管回报率参差不齐。实施分拆剥离是企业的一种标准做法，有的企业做得非常好，有的则很差。

2013年分拆出来的直线通信公司（Straight Path Communications）的股价一开始为每股5美元左右，到了2016年上涨为180美元；2016年分拆出的泽奇（Zedge）的股价一开始略高于7美元，2019年跌至不到2美元；2009年分拆出的IDW媒体的股价一开始为2美元左右，后飙升至40美元左右，2019年又回落至17美元。分拆剥离交易不适合胆怯的人，但优质股东会感兴趣，他们青睐那些愿意践行分拆剥离理念的管理者，愿意向他们学习。

约翰·马龙也是分拆剥离交易的狂热支持者，他对分拆剥离交易的热情不亚于他对追踪股票的热情。自由媒体公司不断收购业务，但也不断地剥离业务，有的是直接出售权益，更常见的是通过分拆（或追踪股票）的形式进行剥离，其中著名的交易包括对自由环球/发现、直播电视集团有限公司（DirecTV）、自由环球（Liberty Global）、斯塔兹有线台和QVC等的剥离。

分拆剥离交易将权益推向实体之外，摒弃了集团模式。与其在统一的规则下建立一个帝国，不如国王向伯爵、公爵和其他人分封最适合他们的领地，让他们在那里大展拳脚。

为追踪股票和分拆剥离交易奠定基础的是杠杆的应用、高效的税收和适时的交易。此外，这类结构还促进了内部优秀管理者的成长和激励计划的完善。一切努力的最终成果是优异的股东回报，自2006年以来，该公司的年均复合增长率约为18%。

最成功的分拆剥离交易完成后，母公司和分拆剥离出来的公司的价值都会增加。当被剥离业务的价值在规模较大的母公司遭到埋没时，通常会出现这种情况。另一位在早期频繁运用分拆方法的高管是长期担任拉尔斯顿·普瑞纳公司CEO的威廉·斯蒂里茨，他的经历恰好解释了这种变化：

大公司的问题是——他们已经在多个部门建立了集中化的管控结构，他们的创造性、适应性都不如一家独立的公司。分拆出去的公司更富有激情，干劲更足，其管理层会更有意识地思索肩负的任务。分拆是能获得更好结果的重组形式。

拉尔斯顿·普瑞纳是一家规模庞大的的食品制造公司（被简称为拉尔公司），其业务范围不断扩展，涉及许多不相关的利基市场，如婴儿配方奶粉、葡萄干麦片和饼干，甚至还有滑雪度假村，这些业务与其核心业务不匹配，但一直以来这一问题总是被忽视。斯蒂里茨解释说：

拉尔公司是研究一组资产最初在集团内部遭埋没的绝佳对象。从管理层次上看，这组资产要低三四个等级，他们是不起眼的娱乐业务，回报率很低。怎么处理它们呢？将其剥离是创造一种新组织模式的好方法。我留在拉尔公司担任董事长，安排管理层到被分拆的企业任职，而且把公司资源分配到我们该做的事情上。

剥离了某些业务之后，斯蒂里茨观察到了公司领导层的转变。许多之前表现平平的经理变成了"令人难以置信的经理"。斯蒂里茨认为，这样的结果是因管理者的激情在独立后的企业内大迸发导致的。

近年来，无论是在企业集团还是在其他公司，分拆剥离作为一种提高专注度的资本配置方式正变得越来越普遍，因此将分拆剥离作为常规要素的战略会对激进投资者形成强大的震慑，也可以成为股东价值的来源。

分散公司股权时，分拆剥离、追踪股票和上市子公司首次公开募股等方法通常能够增加公司价值。通过向股东输送价值，这些方法既增加了可利用的总价值，又有助于细分股东群体。利用这些方法，管理者和董事不仅向股东提供了最有价值的"菜单"，而且"菜单"上的"菜肴"还迎合了不同股东的胃口。

第三部分
高品质企业的
三大核心要素

Pivot Points

第11章

董事的遴选：管理员、
支持者还是巡视员

● ● ● ●

公司治理得分最高的董事会是这样的：有15名董事，他们都不担任管理职务；董事会下设众多委员会，委员全部由独立的董事担任；这些董事的种族、性别和技能各有不同，所有相关信息都展示在公司网站上的一个版块里；董事会主席和CEO由不同的人分任。

一位观察"公司治理最佳做法"的著名评论员将这个董事会评为美国企业界5个最出色的董事会之一。在这个董事会的监督下，其所在的公司因无法偿还几十亿美元的到期债务而倒闭了，这家公司就是安然公司。在其倒闭后的近20年里，企业界人士一直围绕董事会发挥的作用、董事的选择争论不休，而董事会也一直在磕磕绊绊地履行着其监督职责。波音公司、富国银行等大公司面临的挑战都印证了这一点。

人们普遍认为，董事会的监督比以往任何时候都显得更加重要，但就董事会应如何开展监督，人们的意见不一。一些人强调实质性内容，即董事的个性和理念等，一些人则强调程序性内容，即董事会的特征，如独立性、委员会、多样性矩阵以及CEO和董事长由不同的人担任等。

今天的股东群体对董事选拔程序有不同的看法。在20世纪70年代，公司董事由CEO挑选，主要看候选人是否与管理层志同道合、是否能坚定地支持管理层。从20世纪80年代到21世纪初，机构股东在董事的遴选过程中获得了更大的发言权，他们对公司施加压力，要求任命更具独立性的董事。如今，机构股东的呼声与其本应服务的股东基础一样支离破碎。

虽然从经验上看，我们很难确定哪种方法或结构更加优越，但讨论当今主要股东群体在董事选择方法上的重要差异还是颇具启发性的。

■ 寻找管理员

优质股东寻找的是以股东为导向、精通业务、对特定的公司及其管理感兴趣的董事。他们对董事的特征和公司的具体背景比较感兴趣，他们不会遵循通用的公式或公认的最佳做法。

然而，优质股东对任何董事候选人提出的首要问题都是，他们是否以股东为导向。也就是说，所有董事都应当像有一个缺席的所有者一样行事，并尽一切可能合理地促进所有者的长期利益。

这不是要求董事立即实现股东价值的最大化，而是要求他们拥有从股东角度评估每一项决策的心态。为此，董事们最好购买并持有他们所服务的公司的大量股份，这样他们才能真正站在所有者的立场上行事。

董事会最重要的工作是挑选出一位优秀的CEO。当董事会找到了一位杰出的CEO时，会规避很多问题。所有CEO的表现都必须根据一套业绩标准来衡量，这些标准必须由董事会的外部董事制定，而且要在CEO不在场时依据这些标准定期对其进行评估。

标准应根据具体的企业文化进行调整，但应强调基本的标准线，如股东资本回报率和多年来每股市值的提高。最重要的是，董事们应根据董事会设定的最低收益率来评估CEO以往的资本配置决策。

董事们需要独立思考，以收紧"长期"一词给CEO们带来的回旋余地。尽管企业领导人应该以年而不是季度为限思考问题，但他们决不能以不断恳求股东保持耐心的方式来为持续低迷的业绩开脱。毕竟，期限长过了头，业绩会一直保持平庸。针对这一问题的解决方案是：选择坚持实现可衡量的中间目标的董事。

如果CEO的表现持续低于董事会制定的标准，那么董事会必须对其进行更换。董事会监督的所有其他高管也是如此，就像一位精明的老板在场时所做的那样。此外，董事必须是所有者资本的保管者，这样才能遏制管理者做出过分的行为，把手伸进股东的腰包。管理者的过分行为包括专断的收购、通过中饱私囊的交易获益、在内部丑闻和相关危机中做出短视的行为。

在处理这些问题时，董事的行为必须公正、迅速和果断，发现管理问题的董事应立即提醒其他董事注意该问题。当说服了足够多的人时，在协调一致的行动下，问题很容易就能得到解决。

在这一方面，股东也可以发挥作用。正如第七章讨论的，公司可以让董事们与最大的长期优质股东保持联络。这些股东代表可以讨论提交给股东表决的影响持久价值的问题。几个有影响力的优质股东联合起来就可以改进公司的治理状况，他们需要做的仅仅是不给容忍可恶行为的董事投赞成票。

■ 激进股东提名董事

激进股东会定期寻找和招募有能力的董事候选人为目标公司的董事会服务。这些被提名的董事通常是相关行业或董事会薄弱领域的专家，比如公司治理领域。通常情况下，他们也是优质股东寻找和提名的那类董事，但他们得到提名的背景可能会使他们实际的或表现出来的管理工作遭受质疑。

首先，长期以来人们一直担心激进股东支持的董事会厚此薄彼，担心他们对激进股东心怀感激之情，与其他股东针锋相对。这类问题在某种程度上会受到董事信托责任的遏制。根据信托责任要求，董事要代表公司行事，而不是代表特定的股东行事。

但具体的环境可能会使这类问题恶化。例如，一些激进股东为他们提名的董事提供奖金，以激励这些董事在任期内实现既定的公司业绩目标，包括股价水平。这种所谓的"黄金束缚"（golden leashes）增大了董事欠下这些股东人情债的风险。

此外，与股价挂钩的奖励可能影响重大的商业判断，例如有关最佳借款水平的判断、有关是否发出或接受收购要约的判断等。基于这些原因，针对某些董事的特别奖励可能导致董事会内部的拉帮结派和内讧。

其次，当董事得到任命是相关各方在正常的治理程序外达成和解的结果，而其他的股东没有对此进行投票时，可能导致董事会成员对激进股东和现任管理层提出过分的诉求。

解决这一问题的方法是将和解方案交由其他股东投票表决。这样做能确保董事的任命得到一致的支持，和解方案的其他方面也能得到批准，例如委员会的任务分配、董事的免职、服务条款和任期限制以及公司治理准则等。

最后，现任管理层或董事很少急于让激进股东提名的人进入董事会。不然，摩擦就会变得司空见惯，即使是最勤勉认真的董事，恐怕也难以保持和谐的关系。

■ 公式化的选择

指数型股东很少提名董事，事实上，在过去的5年时间里，规模最大的3家指数机构（其投资的公司遍布世界各地）没有一家正式提名一位董事加入任何上市公司的董事会。

大型指数机构有内定的关于董事遴选和投票的一般标准，其他指数机构则会参考代理顾问制定的类似标准。指数机构反复重申他们的这一观点：流行的治理改革模式对其投资组合中的大多数公司都适用，但不一定对所有公司都适用。

以领先的代理顾问公司——机构股东服务公司的做法为例进行说明。机构股东服务公司在有关董事会的讨论中没有提及能力或公司管理事宜，而是就被提名的董事提出了"四项基本的投票原则"。

这些原则涉及董事会的组成、董事的独立性、响应性和责任，其中，只有对"响应性"的评估需要结合具体的背景，需要针对具体的"个案"进行说明。

关于独立性，机构股东服务公司提了3条要求：（1）大多数董事必须是独立的；（2）董事会必须有3个根据正式的章程运作的常设委员会，即审计、薪酬和提名委员会，其成员仅包括独立董事；（3）必须有一位首席独立董事或者一位独立的董事会主席（不能兼任CEO）。

近几十年来，此类要求已被众多公司接受，但有关其经济价值的经验证据仍显不足。虽然联邦法律或证券交易所规则要求董事会设立相关的委员会并履行其职能，但董事的专长往往比独立性更有价值。有些替代方案更合理，但指数型股东未曾提及，如设立资本配置或投资委员会，我们已在第九章进行过论述。

虽然指数型股东支持董事会主席和CEO由不同的人担任，但这并不总是合理的。他们认为，董事会负责选择CEO并对其进行监督，因此两个职务由一人担任会产生冲突。然而，董事会主席手里只有一票，董事会里还有许多独立董事，所以任何冲突都容易化解。

许多公司在一位杰出人士的带领下蓬勃发展，他既是董事长又是CEO，而像安然这样的公司，虽然董事长和CEO由不同的人担任，但最终却破产了。兼任和分任的公司数量大致相当：根据坎宁安优质股东密度排行榜的数据（见附录A），在标准普尔500指数成份股公司中，229家公司的董事长和CEO由不同的人担任（其中216家公司出现在优质股东密度排行榜中），245家公司两个职务由同一人兼任（其中234家公司出现在优质股东密度排行榜中）。优质股东密度排行榜前10%的公司中，分任的公司占比16%，而兼任的公司中则占到了28%。优质股东似乎会逐个考虑这一问题，他们略微倾向于支持兼任而不是分任。

关于董事会的人员组成，机构股东服务公司也提了3个要求：（1）董事应具备多种技能，能为董事会增加价值，从特定的角度看，不能背景相同，最好用技能矩阵图形展示出来；（2）预计能定期出席会议，至少要能参加75%的董事会会议和委员会会议；（3）专注于公司，董事所服务的上市公司董事会的数量不能超过5个，或者不能担任两家及以上公司的CEO。

批评家们质疑，这些要求令人反感，而且很死板。首先考虑后两条，出席会议和专注于公司显然很有必要，但仅凭这两点不足以确认一位董事的价值。经验法则当然是有用的，但如何运用这些法则就另当别论了。因此，许多公司在网站上公布的董事会信息会给人留下这样的印象——其董事会符合主要指数机构和代理顾问提出的所有要求。

虽然让董事们尽全力服务于董事会是明智的做法，但人为的限定，比如最多在2个或5个董事会任职，是武断、不恰当的。毕竟不担任其他职务的优秀董事可以胜任6个以上董事会的工作，而最不认真勤勉、百事缠身的专业人士可能连一家公司的董事会都服务不好。

关于责任，机构股东服务公司呼吁定期选举董事，反对任期交错，并支持股东享有罢免权，无论是否有理由。但各州法律规定，公司可以选择最适合的方法选举和罢免董事。

关于分期分级董事会（staggered boards），支持者强调这种结构的优势，如连续性和系统性的知识，而批评者则指出这种安排会导致相关人员不履行责任。哪种观点正确呢？各家公司的看法存在分歧，这需要具体问题具体分析。一些证据表明，分期分级董事会增加了价值。根据沃顿研究数据服务公司的数据，在标准普尔500指数成份股公司中，有61家公司的董事会是分期分级的。将这61家公司和随机抽出的61家单一董事会公司与坎宁安的优质股东密度排行榜

（见附录A）进行比较可发现，14%的具有分期分级董事会的公司排在榜单的前10%，而37%的单一董事会公司排在榜单的前10%。显而易见的是，在这个问题和许多其他问题上，机构股东服务公司更倾向于严格的管理而不是其他优质股东青睐的具体问题具体分析。关于董事会的责任，机构股东服务公司有这样一项规定：每个董事会都要定期进行自评。这是公司治理中一种风行的做法，因提供此类服务的咨询公司的规定而变得更加普及。克里斯托弗·D.麦肯纳认为自评任务虽然重要，但也具有挑战性，观察者对自评结果持怀疑态度是合理的。

正如大指数型股东不提名董事一样，他们也很少提股东提案。例如，从他们的指导原则来看，他们更支持一年一选董事而不是分期分级董事会制度。虽然指数型股东通常支持其他股东提出的相关提案，但最大的指数型股东自己从未提出过变革提案。

指数型股东的支持者敦促公司尊重他们的相对干预权，认为他们庞大的规模经济保证了其决策符合投资者的最佳利益。但批评者说，指数型股东的做法表明他们对管理层有所亏欠。还有人把这称为"理性的沉默"——提出提案的人承担了所有的成本，但只获得了一小部分回报，因此支持他人、自己不出头的搭便车做法是合理的选择。

理性沉默的观念可能因另一种可能性而强化：指数型股东制定的指导原则反映的是适用于大多数公司的"最佳做法"，而他们的不作为则反映出这些做法肯定不适用于某些公司。当指数型股东缺乏确认特定情况下最佳做法的资源时，其合理的策略就是避免采取主动，转过头支持其他积极的股东。

■ 短期持有型股东

尽管持有期少于一年的投资者不会在董事整个任期内一直持有公司的股票，但他们在当年的董事选举中仍有投票权。即使持有期少于两三年、投票选举了分期分级董事会的投资者，持股的时间也不如他们选出的董事的任期长。

短期持有型股东不看重长远，他们可能更喜欢那些最有可能做出指向股价上涨或现金分配决策的董事。

■ 性别多样性

性别多样性是当今公司管理的热点问题之一。对这一问题的看法似乎不受股东群体的影响：所有群体中既有支持者也有质疑者。相反，分歧似乎出现在社会学、政治学领域和数据的解读方面。然而，这样的热门话题值得关注。需要指出的是，总地来说，优质股东似乎支持性别多样性。

观察家们一致认为，公司董事会中女性的人数较少。罗斯曼学院对289家在多伦多证券交易所上市的公司的调查显示：（1）2008年，担任董事的女性的比例不到10%，2013年这一比例增加至13.1%，2018年，这一比例为24%；（2）在有女性成员的董事会中，有一位女性成员的占32%，有两位女性成员的占28%，有三位女性成员的占22%。尽管在一些问题上达成了一致，但人们对女性董事的增长速度持不同的看法，有的人认为增速太慢，因而敦促加快步伐。

关于女性董事代表性不足的原因，人们的分歧很大。有争议的原因包括：在公司内部，董事会没有确立女性优先的原则；在公司外部，因根深蒂固的旧观念或者群体偏见，女性对董事一职缺乏兴趣，女性在人才库中的代表性不足（这反过来可能反映了根深蒂固的旧观念或者群体偏见）。人们对另一个原因达成了较为广泛的共识：在公司生活中，董事席位的轮换比较慢，平均而言，一年轮换的董事席位不到一个。但关于公司是否应当加速董事的轮换，参与讨论的人往往持强烈的不同意见。

女性股东人数的增加比一些人预想的要慢的一个原因是，这种目标追求的理论基础是复杂的。支持董事会性别多样性的两大潜在理由是：（1）能提高公司及其股东的经济利益；（2）能促进社会公平、平等或正义。

关于董事会性别多样化能否提高企业的经济绩效，相关的实证学术研究结论是模棱两可的。许多研究确实发现，性别多样性与企业绩效之间存在正相关的关系，但几乎没有实证学术研究发现二者之间存在任何因果关系。斯坦福大学的黛博拉·罗德和阿曼达·帕克尔对有关性别多样性和其他形式的文化多样性（如种族）对企业经济绩效影响的实证研究文献进行了全面的分析，帕克尔得出的结论是：

> 对经验证据的全面回顾揭示出，采用不同的方法和财务绩效衡量标准会得出不同的结论。虽然一些研究发现，女性在董事会中的代表性与公司绩效的各种衡量指标之间存在正相关关系，但其他研究则发现二者存在负相关关系或者不存在显著的关系。此外，二者之间存在相关性不能证明存在因果性。更出色的公司绩效导致了董事会多样性的增强，或者一些被忽略的因素同时影响了董事会的多样性和公司绩效。

验证性别多样性对经济绩效的影响是很复杂的事情，需要考虑各种各样的背景因素，如董事会和公司规模、公司所处的地理位置或行业以及董事会设置的多样性，如处理收购事项、股利、高管业绩和薪酬、财务报告和审计、公司治理等文化和合规性的部门组织。这些问题长期困扰着研究董事独立性和公司绩效之间关系的学者，这些学者的研究同样不支持独立性有助于提高企业绩效的观点。

性别多样性的案例在社会领域更引人注目，许多团体正在大力推动性别多样性，他们已经把董事会里的性别多样性列为了重中之重。一些团体几乎只关注这个问题，如美国的"2020董事会女性"和加拿大的"30%俱乐部"。其他团体则将女性多样性作为更广泛的治理议程中的一项原则，包括加拿大善治联盟（Canadian Coalition for Good Governance, CGG）。该机构在题为《建立高绩效董事会》（*Building High Performance Boards*）的报告中强调，董事的素质至关重要，董事会应提高其多样性，不仅仅在性别方面，还要在种族、文化和公司各个团体的其他个人特征方面提高多样性。

2017年末，"30%俱乐部"发出倡议，呼吁各公司把女性董事的比例至少提高至30%。该组织解释说，30%的目标是一个关键的临界值，高于这个值时，人们不再重点关注这个问题，而是会根据董事的实际贡献、自身优势做出评判。该组织主张公司披露相关信息、积极外展、开展培训，而且关注严格的董事会评估和定期激发董事会的活力。

在美国，"2020董事会女性"设定的目标为：到2020年，董事会中女性成员的比例至少达到20%。该组织于2019年末实现了这一目标，并宣布，罗素3000指数成份股公司中，女性董事的比例为20.4%。该组织强调，176家公司的女性董事比例达到或高于20%。

性别多样性与优质股东密度呈显著的正相关关系。例如，在"2020董事会女性"授奖的公司里，有70%的公司位列优质股东密度排行榜的前50%，有15%的公司位列优质股东密度排行榜前10%。这些数字与其他数据一致，表明性别多样性与其他积极的结果相关。"2020董事会女性"获奖者中吸引优质股东最成功的一些公司有联合能源公司、强生公司、美国电塔公司、凯撒铝业公司、亚瑟·加拉格尔公司、百事可乐公司、礼来公司、史赛克公司、雅诗兰黛公司、西斯科公司、国际香料香精公司。

尽管我们无法从董事会性别多样性的相关数据中得出肯定的结论，但鉴于社会上人们对性别多样性的支持，促进董事会性别多样性无疑有着可靠的思想基础。当然，促进性别多样性时，公司必须把重点放在每一位董事的素质上：公式化的治理仍然没什么吸引力。

在公司治理中，优质股东最关心的是实质性内容，即公司实行特定政策背后的理由。因此，他们往往不喜欢规定了"善治"做法的清单，他们选择董事时，更看重的是对方的优点，特别是对方的商业智慧和在资本配置方面的见解。

他们不会根据指数机构列明的清单和共识选择董事，也不会像激进股东那样，选特定选区的代表。

在公司治理中，不存在什么万能灵药。此外，许多打着"善治"旗号提出的政策，例如，激发董事会活力和维持公司可持续性，从原则上看可能是好的，但实际上并不一定对公司或其股东最有利。同样，与服务的其他董事会的数量、董事任期、年龄或性别等基准相比，经验和以往的业绩记录是预测董事贡献的更可靠的因素。

相比之下，指数型股东关注的是投资组合而非具体公司的业绩，因此人们预计他们制定的政策会使整个市场而不是具体的公司受益。考虑到指数机构的资产管理规模和投资范围，他们已成为影响公司管理的一股强大的力量。

激进股东虽然目标十分明确，但他们要求进行的变革不一定是最好的，需要结合背景和经验才能做出判断。

优质股东关注的是公司的长期繁荣。对他们有吸引力的是那些对具体的公司和董事有意义、能使董事根据公司的特殊情况做出决策的治理政策。

选择董事和权衡偶尔出现的热点管理问题是股东行使的最重要的权力，因此，决定和影响股东投票的因素对相关的讨论至关重要，我们将在第十二章详述。

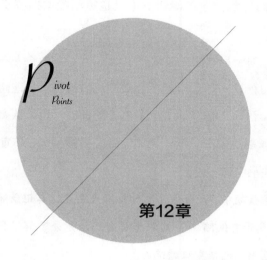

Pivot Points

第12章

管理绩效：多付与少付

● ● ●

1995年，华特·迪士尼公司以一份奢华的合同争取到了迈克尔·奥维茨的加盟。奥维茨是好莱坞大名鼎鼎的人物，也是公司首席执行官迈克尔·艾斯纳的朋友，他被任命为公司总裁。聘用合同规定，如果公司无故解雇他，他将得到一笔以超短期股票期权支付的丰厚补偿。

14个月后，迪士尼真的无故解雇了他，从而引发了该公司近1.4亿美元的赔付。虽然这一赔偿引起了公众广泛的谴责，但法院还是维持了合同的规定。法院采信了迪士尼董事会的证言，也承认奥维茨在公司的大部分工作都是敷衍了事，离最佳做法相去甚远。下面是特拉华州最高法院判决书中的一段话：

若按照合同条款中"最佳做法"的标准来衡量，其记录还有很大的改进空间……尽管有缺陷……薪酬委员会已经充分了解了整个离职补偿方案的潜在范围，包括期权的范围。

高管薪酬一直以来都是热门话题，相关的报道一直占据着头版头条。大多数人关注的是高管的工资水平，尤其是相对于广大劳动者的工资水平。然而，对于企业来说，一个更重要的关注点是，薪酬的支付能否使高管的利益与优质股东看重的长期利益保持一致。

有些薪酬的设计着眼于短期，尤其是股票期权，激进股东和短期持有型股东很少关注薪酬，有证据表明，指数型股东对薪酬问题极为消极。领先的指数机构认为，董事会及其顾问能够更好地解决其中的细节问题。虽然股东对高管薪酬享有话语权，但董事会承担着终极责任。优质股东关注这一问题对董事会是有利的。

回顾相关的历史和背景知识、对比薪酬处于两极的CEO们，都有助于凸显这一领域长期存在的问题。

■ 历史背景

美国关于高管薪酬的公开争论可追溯到1930年。这一年，当美国的平均工资为2000美元、失业率接近20%时，美国烟草公司的总经理通过利润分享计划获得了85万美元的年终奖，这引发了公众的强烈不满（见罗杰斯诉希尔一案，按现在的购买力计算，这笔奖金约合1200万美元）。

尽管如此，现代公司早就意识到了把奖金作为部分薪酬的作用，这可以有效激励高管提升公司的绩效。1902年，伯利恒钢铁公司成为第一批采用这种方案的公司。在两次世界大战期间，这种方案以及利润分享计划变得流行起来，到了1928年，有近60%的上市公司采用了这种方案。

从最近的历史来看，公共政策倾向于支持"以绩效为基础的薪酬"，也被称为"奖金"。例如在20世纪70年代，面临着尼克松政府冻结工资的威胁，各公司纷纷增加了这类薪酬。另一方面，这一时期股市停滞不前，薪酬也从股票期权转向了以长期收益增长等非市场指标为基础的奖金。

20世纪80年代，恶意收购催生了控制权变更条款，这被称为"黄金降落伞"（golden parachutes）。聘用合同规定，当高管在另一方获得公司控制权后被迫离职时，公司应向高管支付大笔现金或其他福利。设计这部分支出原本是为了阻止不合理的控制权竞购，因此其数目都很惊人，但实际的结果是提高了高管的薪酬水平。在格雷夫·克里斯托1991年出版的《追求超额薪酬》（*In Search of Excess*）【这本书的书名似乎模仿了另一本流行的商业书籍《追求卓越》（*In*

Search of Excellence）】一书中爆出了超额薪酬问题。

克里斯托教授长期担任高管薪酬顾问，他精确地描述了这个时代通行的做法：CEO与薪酬专家协商后，提出一个薪酬方案，然后由董事会批准这个方案。许多董事会让薪酬委员会与CEO进行正式的谈判，但这些董事会的成员大多缺乏必要的专业知识，而且不大愿意请自己的顾问提供帮助。另外，在当时，CEO们往往亲自挑选董事，并制定自己的薪酬标准。

1992年，在公众对超额薪酬的强烈抗议下，美国证券交易委员会要求上市公司在委托书中披露更多的薪酬信息。毕竟，正如大法官路易斯·布兰代斯指出的那样，披露薪酬信息可起到很大的抑制作用。然而，在许多情况下，这样的举措可能适得其反。当CEO们看到竞争对手比自己赚得多时，他们会要求薪酬委员会补足差距。此时，信息披露是提高而不是压低了薪酬水平。

国会颁布的《税法》限制了对不以业绩为基础的高管薪酬的纳税扣除。伴随着创纪录的利润和不断上涨的股票价格，法律鼓励公司更多地使用股票期权支付高管薪酬。不断上涨的股价和以股票作为薪酬的激励共同推动了高管薪酬的节节攀升，公众的批评也与日俱增。

21世纪初，股市泡沫破灭和十几起严重的企业会计舞弊事件曝光后，股东们提出了变革的要求，董事会也挺起了脊梁。《萨班斯—奥克斯利法案》和证券交易所都强化了相关的监管要求。然而，尽管发生了这些变化，到了2005年，仍有人发现，一些公司操纵股票期权授予，其高管倒签股票期权以使自己获利，而且在推高股价的利好消息发布前夕发行其他期权。

最先发现这种做法的是爱荷华大学的金融学教授埃里克·李。他发现期权授予、股票价格和支付日之间存在统计上的异常现象。李教授简洁地阐述了他的发现：

本文的研究表明，非计划的高管期权在授予前，股票的超额收益率为负，授予后股票的超额收益率为正。随着时间的推移，这样的规律愈来愈明显，这表明，高管们对利于自己的期权授予时机的把握越来越精准……除非高管们拥有非凡的能力，能预测出决定其预期收益的未来市场走势，否则就说明，至少有一些股票期权的日子被倒签了。

美国证券交易委员会和司法部随即对100多家公司展开了调查，这导致许多公司重新发布了财报，几十名高管被解雇，十几名高管被判有罪，还有6名被投入了大牢。然而，事实证明，这种做法虽然不道德，但并不总是违法的。这样的结果加剧了公众对高管薪酬的冷嘲热讽，正如迈克尔·金斯利曾经对华盛顿所说的那样："真正的丑闻往往披着合法的外衣。"

2008年的金融危机表明，一些激励性薪酬计划极不对称。高管薪酬的设计应该考虑到与风险相关的奖惩分配——对高管和公司来说，上行的回报都很大，但下行的损失也要与之相称。金融危机爆发之前，企业效益较好，此时高管们获得了巨大的收益，但企业效益不好时，高管们却没有遭受损失。信贷市场失灵的部分原因是，管理者敢于豪赌，因为他们的薪酬上涨的可能性很大，但下跌的可能性有限。

在不断恶化的金融状况下，美国政府向许多人提供了广泛、不正规的金融支持，例如为了使哈特福德这样的一家保险公司变得有资格获得贷款（金额为34亿美元），政府支持其收购了一家小型银行（1000万美元）。

根据法律规定，公司要获得这种支持，政府需要对其高管的薪酬支付形式和数额加以限制。之后对政府守法情况进行的审查表明，政府只遵循了部分法律规定，因为政府对公司偿还贷款更感兴趣，对限制其高管薪酬兴趣不大。

随后当局又从3个方面开展了一轮监管。首先，证券交易规则要求，由独立的董事会薪酬委员会制定薪酬并披露相关政策；其次，公司必须披露高管薪酬与员工中位数的比率；最后，公司必须至少每3年就高管薪酬举行一次正式的股东投票，每6年询问股东是否增加或减少投票次数。这些都只是建议性的投票，没有约束力，效果也不确定，因此最好把它们归类为薪酬信号（不是"股东决定高管薪酬",这是一种流行但颇具误导性的说法)。

因此,制定和审核高管薪酬方案的责任就落到了董事会的身上。除了选择CEO,这可能是董事会肩负的最重要的职责了。一些刻意培养优质股东的CEO认为,与同行相比,他们的薪酬水平适中。唐·格雷厄姆就是一个典型的例子,他在2002年《致华盛顿邮报公司股东的信》中解释说:

> 布什总统在2002年的一次演讲中说,CEO们应该在致股东的信中说明他们的薪酬总额,我照办。1991年我开始担任公司的CEO,在咨询了董事会的一些成员后,我决定把我的薪酬固定在我担任《华盛顿邮报》发行人一职时的水平。我的年薪是40万美元,另外还参与了一个公司奖励计划,当公司绩效相当好时,每两年我最多能获得40万美元的奖金。根据同一计划,我还收到过一些限制性股票(在最近的一个周期获得了300股),这样的薪酬状况已经好几年没变过了。

在考虑薪酬与绩效的关系时,一些注意培养优质股东的高管的薪酬往往过低。下面是拉斐特投资公司的长期集中型股东马克·休斯讲的一件事:

> 几年前,在参加完马克尔公司的年度股东大会之后,我和两位董事讨论了该公司的高管薪酬问题,我建议他们提高高管薪酬。我认为在美国企业界这是第一次有股东提这样的建议!值得赞赏的是,两位董事告诉我说,他们也认识到了这一点,他们还说一旦过渡性的变革完成,他们就会改变这种状况。在随后的几年里,该公司高管的薪酬确实有所提高,我觉得提高后的薪酬更合理。我认为,股东抱怨高管薪酬过高是正常的,在极少数情况下股东也会抱怨高管薪酬过低,此时公司也应当注意。谁也不想失去那些价值被低估的优秀人才。

■ 期权问题

有关期权会计核算的争论进一步加剧了围绕股票期权薪酬水平的相关争论。

2004年以前，美国会计准则将股票期权薪酬视为股权的发行，计入资产负债表的所有者权益部分，而不计入损益表。许多人反对这样的会计处理方式，认为即使会计准则没有要求，管理者也有义务解释期权报酬的实际成本。应著名投资者史蒂夫·斯科奇默的要求，麦克唐纳和海登律师事务所开展了广泛的法律研究，之后得出了结论。批评人士最终说服了财务会计准则委员会，该委员会随后将股票期权视作了一种实际的经济成本，自2004年以来，股票期权支出必须被列在损益表中。

但是，就如何以及何时衡量这一费用仍然存在争议。期权价值的波动不仅与存续期、行权价格等已知因素有关，还与利率、股价波动、股利等变量有关。今天的会计人员在会计核算中会运用包含这些变量的模型，尽管大家都认为这些模型不完善，股票期权支出数字充其量只是一个估计值。

另一个与时间有关的主要问题是，会计规则要求在发行而不是行权时记录估计的期权支出额，尽管后者总是远远大于前者而且反映了实际的经济成本。会计准则只要求披露成本的一小部分，据此批评人士认为，管理者有责任披露实际的成本。

批评者们说的很有道理，在数千家上市公司中，有相当一部分公司的股权正在从社会公众股东转移到股票期权接受者手里，而且转让没有被记录在案。在这一过程中，隐形激励会促使公司的决策偏向于期权价值而非股东价值，如第十一章讨论的将资本配置于股利还是回购的决策。

优质股东相信，这种通过期权完成的大规模隐形股权转让可能产生惊人的影响。为了吸引优质股东进行投资，最优秀的公司会避免发行股票期权或者如实报告股票期权的成本。

■ 奖励的优势

尽管许多公司向高管提供了超乎寻常的薪酬和只上涨的股票期权，但是，倘若能把薪酬与企业绩效合理挂钩而不提供股票期权，激励将会得到更好的协调。薪酬顾问通过提供复杂的薪酬方案设计获得报酬，他们会直接与高管合作。尽管名义上董事会参与其中，但薪酬顾问的利益往往与高管的利益更为一致。因此，他们对公司和股东的价值值得怀疑。

此外，顾问们还支持把奖金与股价挂钩，低估了股市风险。从经济周期到情绪化的交易，股票价格会在多种因素的影响下偏离其内在价值。当股票价格虚高时，名不副实的高管会受益；当股价大跌时，忠诚的高管会受到惩罚。

奖励限制性股票是一种合理的选择。公司承诺员工在其工作满一定的期限（等待期）后授予其股票，比如在4年的聘用期结束后。理想的情况下，奖金额度是给定的，以股票交割时的价格来衡量。这种方法很简单，而且有一个优点：与无法精确衡量成本的股票期权相比，其成本显然可以精确地计算出来。

最重要的是，制订与股权相关的计划时，要确保股东和员工一荣俱荣，一损俱损。期权不满足这一基本要求，而奖励能满足。

■ 1美元工资

尽管批评者们对薪酬与工人工资中位数之比极高的高管喋喋不休，但另一个极端却几乎没有引起关注。几十位CEO基本没有薪酬，他们仅仅收取象征性的数额，比如每年1美元。这样的举动引起了有关人士的注意，但应注意区分不同的动机和背景。

美国有一个古老的传统，即富人以1美元的名义工资为政府提供咨询服务。这种做法可以追溯到20世纪初，当时有公民意识的个人在战争期间帮助政府管理政务，包括许多著名的人物，如伯纳德·巴鲁克，还有今天的迈克·布隆伯格和米特·罗姆尼。

之后出现了一种新的传统：CEO从公司领取1美元薪水。但CEO们这么做的原因各有不同，对优质股东的意义也不同。

其中有一些是陷入困境的公司的领导人，他们试图通过此举释放出这样的信号：为使公司摆脱困境，他们在无私地做奉献，有名的例子是1978年克莱斯勒的李·艾柯卡和2007年花旗集团的维克拉姆·潘迪特。还有一些人拿1美元的现金工资，但同时也拿着股票期权或其他形式的巨额薪酬。这两类公司领导者都不太可能吸引优质股东的投资兴趣。

然而，还有第三类，他们是发展势头迅猛的公司的优秀高管，他们把现金薪酬降至极低的水平，也不接受其他形式的薪酬。虽然这么做对吸引优质股东并非绝对必要，但这确实是加分项。

本书的研究显示，过去10年里在美国证券交易委员会注册的所有公司中，大约有250名高管至少在一年内领取过名义工资（通常为1美元），有35位高管在5年内领取过名义工资，而且他们任职的这些公司都具有较高的优质股东密度，包括亿客行、国家仪器有限公司（National Instruments）和宝氏控股。然而，高管加入"1美元俱乐部"的原因多种多样，统计学的分析并不支持这一结论：名义高管薪酬与较高的优质股东密度相关。这一论断是根据支付名义高管薪酬的公司名单与优质股东密度排行榜（见附录A）的对比结果做出的。值得注意的是，在每年至少5次向美国证券交易委员会提交登记表的几十家企业中，有9家来自房地产投资信托基金业。实际上，所有这些房地产投资信托基金都聘请了外部的管理公司，他们的高管薪酬由外部公司而不是自己支付。因此，对于这一群体中的许多人而言，拿微薄的薪水基本上毫无意义。一些人甚至可能招致许多优质股东的批评，这些股东对房地产投资信托基金由外部公司管理也持批评态度。

事实上，优质股东普遍认可按业绩支付薪酬的合理性。虽然大型上市公司的CEO在工人工资中位数为5位数时拿9位数的薪酬可能不光彩或不公平，但只要高管培育了人力资本，对金融资本的配置获得了高回报，他们就不需要提供免费的服务，获取高额薪酬就是理所应当的。

或许，股东对于高管薪酬定得是否合理拥有主要发言权。虽然股东投票确定高管薪酬的做法不完善、不具有约束力，而且指数型股东、激进股东或短期持有型股东对这一问题兴趣索然，但优质股东可以借此表达自己的想法。事实上，如今股东投票可能是公司生活中最重要的话题，因为股东们比以往任何时候都要参与更多的公司事务，发挥更大的影响力，确定高管薪酬只是个开始。

这一话题的重要性可以从许多悬而未决的提议中反映出来，这些提议旨在调整长期以来使用的股东投票规则。第十三章将回顾一系列新设计的规则，它们可能震慑激进股东、阻止短期持有型股东或者剥夺指数型股东的投票权。本书的最后一章还会介绍一个利于优质股东的新投票制度。

股东投票：一股一票、
双重股权投票还是高质
量投票

● ● ●

在近来以微弱差距决出胜负的代理权之争（如杜邦或宝洁公司）中，每一位股东持有多少股票，就享有多少投票权，即一股一票。这是股东投票的常规做法，但不具有强制性。如果杜邦公司或宝洁公司采用了其他投票规则，那么这两家公司今天的状况可能会大不相同。

假设杜邦公司发行了两类股票，每一类都有自己的投票权。除了可能改变投票结果，获胜一方的票数肯定会大大增加，即以更大的优势胜出。如果宝洁公司授予长期股东更多的投票权，尽管不会改变投票结果，但差距会拉大，有利于经验丰富的群体。

随着股东变得越来越分化以及有了更多的投票机会，投票规则变得越来越重要。如今，从高管的薪酬到董事的遴选，许多事务都要经过股东投票，加上激进主义阴魂不散、指数机构的力量不断增强以及对短期主义的持续担忧，人们一直在探索新的股东投票制度。

双重股权结构由于受著名的高科技公司青睐而登上了新闻头条，按时间加权的投票也越来越受关注，部分是由于抛弃短期主义的政治诉求所致。在讨论了几种投票标准后，我在本章最后提出了一种新颖的投票方法，这种方法可以增加长期集中持股的股东的投票权，从而增强优质股东的力量。

■ 双重股权

全球大多数上市公司的基准投票规则都是一股一票制。这种规则历史悠久，形式民主且很少引起争议，被许多人视为黄金标准。但也有一些公司长期以来一直认为这种规则不适合自己，他们转而采用双重股权结构，一类实行一股一票制，而另一类则享有更多的投票权，例如一股十票。

双重股权结构已被数百家公司采用，而且在过去10年里深受科技公司的欢迎。许多首次公开募股（IPO）的公司都喜欢采用这种结构，而且会在允许这种结构的交易所上市。近年来，曼联和阿里巴巴在纽约证券交易所上市（离创立地很远）都是出于这个原因。

双重资本结构的问题在于，不承担相应经济风险的那类股票的持有者具有控制权。尽管投资额相等，但持有一类股票的投票权要比持有另一类股票的投票权多。持有具有控制权的那类股票的股东既无短期压力，也无责任压力。另一方面，持有具有控制权的股票的可能是长期股东或者是具有非凡商业洞察力的股东，他们值得拥有更多的投票权。

最具戏剧性的例子始于道奇兄弟公司。1925年，该公司发行了总市值为1.3亿美元的股票，投资银行迪龙里德公司买入了该公司225万美元的股票。由于该银行购入的股票每股享有多张投票权，因此，尽管经济利益不大，但该银行还是获得了多数投票控制权。

奇怪的是，直到1925年10月威廉·里普利教授在政治科学研究院做完学术报告后，人们才注意到这种情况。里普利教授偶然间注意到了道奇兄弟公司给出的条件，他对迪龙里德银行以牺牲普通股东的利益为代价获得如此大的控制权表示担忧，他建议政府进行监管以防止此类事件发生。

里普利教授的讲话引发了一场风暴，各大新闻媒体争先报道，其演讲稿被《纽约时报》转载，后又被《大西洋月刊》和《国家报》转载，最后被载入了《国会议事录》。

评论性新闻和社论接踵而至，时任美国总统的卡尔文·柯立芝邀请里普利教授到白宫讨论此事。这一话题迅速成为公众关注的重要问题，伴随着经济民粹主义的发酵，1933年第一部《联邦证券法》问世。

纽约证券交易所禁止双重股票操作，这项禁令一直到1985年才被废除。但禁令之下也有条件地豁免了一些公司，特别是创始人显示出了特殊的技能或者创始人具有远见卓识，能保障这种增强的力量合理发挥作用的公司。例如，1980年耐克公司上市时，除了创始人菲尔·奈特持有可以选择董事会75%的成员的股份，其他人的股份完全相同。奈特说，如果纽约证券交易所不允许公司这样安排，他就不会让公司上市。

其他交易所，例如纳斯达克，对不符合条件的公司禁止双重股票操作，这些条件包括：少数派董事席位的最低比例、具有控制权的股份与少数派股份的最大比例以及反稀释保护条款。自20世纪90年代中期以来，交易所允许公司在首次公开募股时运用双重结构，但禁止上市公司采用这种结构。颁布这项禁令的原因是，许多公司为了挫败恶意收购改变了策略，他们强制性地向管理层配售高投票权/低股利股票，同时让低投票权/高股利股票在外流通。

虽然双重股权结构仍然合法，但领先的指数机构已开始将具有这种结构的公司排除在其编制的指数之外。如今，约有250家公司维持双重股权结构。实际上，许多公司发行了投票权不同的多种股票，因此他们拥有"多重"资本结构，但人们常常用"双重"一词概括所有情形。

21世纪头十年中期，随着科技行业的反弹，人们对双重股票IPO的兴趣开始复苏。相关的争论主要集中在双重股权的持续时间上：投资者可以接受这种结构，只要这不是永久性的。投资者关切的问题是：双重股权条款会持续多久，在什么情况下会终止？在2000年之前，近60%的双重股权没有日落条款。但是，无论是在规定的期限内，如5到10年，还是在创始人死亡或丧失工作能力等事件发生时，双重股权的效力一般都会终止。

创始人认为，为了保障公司免受来自短视的公众股东的巨大压力，他们需要保留投票权。然而，尽管创始人最初为公司带来了特殊的价值，但随着时间的推移，其影响力往往会褪色，而且其价值取决于个人的敬业度。奈特独到的眼光可能对耐克早期的发展至关重要，但其他人却把公司带向了更大的成功（尽管其双重股权结构得以维持）。批评人士担心这样的结构会使公司不遵守市场纪律或不受股东的监督，但尚不确定是否有相关的证据。无论如何，几十年前建立的双重资本结构很少有能维持下去的：要么这种结构被终止，要么公司被出售或解散。

2017年，双重股权结构重新抬头，尤其是在科技公司。比较特别的是斯纳普公司的IPO，该公司发行的是没有投票权的股票，这遭到了许多观察家的猛烈抨击，一些人呼吁美国证交会或证券交易所打击这种做法。虽然当局没有这么做，但某些市场指数的编制机构拒绝将双重股权公司纳入，这实际上也起到了类似的作用。一些机构的报告表达了愤慨之情，例如机构投资者委员会的报告：

> 斯纳普公司IPO发行了糟糕的无投票权股票后，应机构投资者委员会和其他相关投资者群体的请求，3家主要的指数编制机构就他们应如何对待无投票权的股票和多重股权结构进行了公开的磋商。富时罗素咨询公司决定，过去和未来自由流通股投票权占总投票权的比例不足5%的公司不会被纳入该公司的指数。标准普尔道琼斯在协商后做出了涉及面更广、更具有前瞻性的排除，即禁止在标准普尔1500指数、标准普尔500指数、中盘400指数和小盘600指数中纳入具有多重股权结构的公司。

机构投资者委员会报告称，这种排除的影响是温和的。具有双重资本结构的新上市公司的数量和比例并未立即发生显著的变化，2017年、2018年和2019年（截至上半年）的比例分别为19%、11%和26%，但这些公司的总市值降幅很大，3年分别下降了49%、17%和15%。日落条款的数量和延续期也没有太大的变化，大约20%新发行的双重股权继续订立日落条款，有效期通常是10年，尽管机构投资者委员会建议的是7年。因此，可以明显看出，在争议声中，许多公司更喜欢双重股权结构的优势，而不是被纳入股市指数的优势。

毕竟，对双重资本结构的断然否定忽视了其在特定情况下发挥的效用。采用这种结构的包括家族企业（如宝贝卷糖业）、创业企业【如蒂莉（Tilly）】以及那些需要长期专注经营的行业，如新闻业（纽约时报公司）、酒业【百富门】和金融业【华利安】，许多公司在提及双重股权结构时说得很直白：在所有事务上，一类股票都比另一类股票享有更多的投票权，包括罗素3000指数成份股中的约50家公司，这些公司发行的股票中，至少有一类没有任何投票权。

双重股权结构的相关条款差异很大。大约有15家公司以复杂的公式来分配公司权力，另有15家公司规定了董事会席位的具体分配方式，有的是按数量分配，有些是按比例分配（比如耐克）。例如，在森林城市房产信托（Forest City Realty Trust）、格雷厄姆控股、麦迪逊广场花园和学乐（Scholastic）等公司，一类股票的持有者有权选出董事会的大多数成员，通常是三分之二，而另一类股票的持有者可以选择余下的董事会成员。

某些情况下，比如在波士顿啤酒公司，分类选举董事会成员似乎是为了通过赋予少数派股东更大的投票权来保护他们的利益。一些双重股权结构调整了对特殊事项（如兼并）的投票规则，要么是将超级投票权股份缩减为一票，要么将其他类别的投票权增加为一票，新闻集团（News Corp）、辛克莱广播公司、索尼克汽车公司和沃途金融公司等均采用此方式。

还有一种投票规则旨在限制大股东的投票权。例如，麦考密克公司发行了两类股票，一类是有投票权的，一类是无投票权的，但其章程规定，当某一股东拥有至少10%的投票权时，其超过10%的部分将丧失投票权。类似的，联合包裹运送服务公司（United Parcel Service）发行了3类具有不同投票权的股票，当某个股东的投票权高达25%时，超过这一比例的股份每股只能获得0.1%的投票权。

考虑到股东投票方式的多样性，优质股东会逐一审查具有双重股权结构的公司。在这类公司中，有大量优质股东密度较高的公司。将机构投资者委员会公布的225家公司名单与坎宁安的优质股东密度排行榜（见附录A）对比可发现，有135家公司出现在了两个名单上。其中，64%的公司位列榜单前50%。位列优质股东密度排行榜前25%的具有双重股权结构的公司包括美国家庭人寿保险公司、格雷厄姆控股公司、伯克希尔·哈撒韦公司、好时公司、百富门公司、凯悦酒店、星座软件公司、麦考密克公司、探索通信公司（Discovery Communications）、穆格公司（Moog）、迪什网络公司（Dish Network）、纽约时报公司、伊瑞保险集团、耐克公司、雅诗兰黛公司、联合包裹运送服务公司、亿客行公司、约翰·威利父子出版公司。

■ 时间加权投票

支持双重股权的主要理由是，可以把投票权与持有时间挂钩，有一种更简单的方法也能达到这样的效果。这种方法就是时间加权投票法，即股东持股超过一定的年限之后，每股的投票权将持续增大。一种常见的做法是对持有期超过4年的股票每股赋予4票的投票权。当这些股票被出售时，它们又恢复为一票制股票。

各公司具体的设计不尽相同，他们对短期和长期（有的是3年，有的是5年，还有的是10年）、奖励的增量（每两年增加一票还是每一年增加两票）和投票表决的事项（涵盖所有事项还是仅涵盖兼并这样的特定事项）的界定均有不同。从理论上看，通过奖励长期股权，股东的平均持有期会延长，股价波动率自然会下降。

从股东的角度来看，时间加权投票仍然是民主的表决形式，所有股份和股东都享有相同的获得增强投票权的机会。对时间加权投票的主要批评是，持有期限不完全是明智或良好判断的反映。

这种方式可能导致投票权集中于长期股东，这是好事吗？理性的人可能对此持不同的看法。如果长期股东是对具体的公司不太感兴趣的指数基金机构，而新股东准备与公司管理层进行富有成效的互动，那么时间加权投票方式的效果恐怕会适得其反。

举例来说，假设某公司有一个简单的股东基础，老股东、新股东以及介于两者之间的股东所持流通股的时间是平均分布的，比如33%的股东持有时间不足一年，33%的股东持有时间超过了3年，其余股东的持有时间为1~3年。

假设共有99股流通股，每一组股东掌握33票。任何一组都不能决定任何投票的结果。但是，如果运用时间加权投票规则，持有期超过3年的股东每股增加为3票，那么这一组股东就手握99票了，而其他两组股东还是各掌握33票，两组加起来共66票。持有期长的股东将决定每一次投票的结果。但这样的调整能否为公司带来相应的好处呢？我们无从知晓。

关于时间加权投票效果的经验证据很有限。目前只有少数美国公司坚持使用这种规则，包括美国家庭人寿保险公司、卡莱集团、J.M.斯马克公司、奎克化学公司和西诺乌斯金融公司。其他一些公司曾采用过这种方法，但后来弃之不用了，包括丘奇 & 德怀特公司、辛辛那提·米拉克龙公司、儒博科技公司（Roper Technologies）和绍尔集团（Shaw Group）。以附录A中描述的实证分析为基础，尽管样本量很小，但我们还是可以从中看出，所有尝试过时间加权投票方式的公司，其优质股东密度的排名都比较高。

许多法国上市公司也使用了时间加权投票法，股票的最低持有期为两年，包括法国股价指数CAC-40中一半的成份股公司。事实上，2014年，法国立法当局就将时间加权投票视为法国上市公司的默认做法，除非股东投票决定公司不得使用这种方法。

早期的实证结果表明，时间加权投票法（在法国被称为忠诚股份）创造的价值相当可观。市场对排除了忠诚股份的公司产生了负面的反应，对坚持采用时间加权投票法的公司则产生了正面的反应。产生这种结果的理论基础是什么呢？忠诚股份鼓励长期股东对公司实施监督（费时耗力），这为所有股东带来了潜在的好处。法国于2014年率先颁布了有关时间加权投票的规定，从中我们可以看出：行政管理和合规负担能够得到解决。

在法国以外的其他国家，需要更多的时间才能产生有价值的实证数据，才能了解时间加权投票如何发挥作用，包括这是否会延长公司股东群的整体持有时间。研究人员对相关数据进行过分析并得出了结论：时间加权投票法对内部所有者有利，并会使外部的小股东受益。他们鼓励采用这一方法的公司做出进一步的尝试，以便研究这种投票模式如何影响单个公司以及整个金融市场。

一些新的替代方案于最近问世。

■ 关于投票权的探索

一种提议是，指数基金机构不参与投票，这与现行法律相悖。根据法律规定，大型机构投资者要参加投票，这一提议会增加优质股东和非指数型股东的投票权。然而，这一提议面临政治阻力，大多数研究该提议的评论员都拒绝给予支持。

另一种方案是，指数型股东将投票权传递给最终的受益人，即基金的客户账户持有人。这种方案有吸引力，但存在两个缺陷。首先，这么做的管理成本会很高，其次，效果可能微乎其微，因为绝大多数账户持有人是个人，他们不会参与投票。经济学家称之为"理性的冷漠"（rational apathy），因为大多数人获得信息的成本远远超过了他们所持小额股份的价值收益。

最后一种方法是按主题分类处理：对于股东利益较为一致的事项，如公司合并，由指数基金机构投票；对于有争议的议题，比如环境问题，指数基金机构把投票权传递给账户持有人。这一方案听起来不错，但同样面临两个难题：一是如何对投票主题进行分类，二是如何处理账户持有人理性冷漠的问题。

上述各种提议面临的一个共性问题是，实施它们需要修改法律。考虑到修改立法的政治性和不确定性，公司在目前法律允许的框架内制定股东投票规则更有利，有很多合法的方案可以选择。

例如，董事会可简单地向持有了一定时间或金额的股东发放股利。2019年末，沙特阿美公司在首次公开募股时就采用了这一做法，当时某家机构对该公司的估值高达2.5万亿美元。所有持有时间达到或超过6个月的股东都获得了该公司增发的股票。该公司这么做的目的是，鼓励股东在此次大规模发行后的波动期内继续持有其股票。

一些美国公司和许多欧洲公司都采用了限制大股东投票权的方法：基本实行一股一票制，但当股东的股份超过了10%、20%或30%时，其投票权就会受到限制。在具有双重股权结构的公司里，"锥形规则"也被用来限制强势股东群体的投票权，如麦考密克和美国联合包裹运送服务公司的例子所示。当股东的经济利益不断增大时，限制投票权的另一种有趣的做法是按股票的平方根增加投票权，即低于某一水平的股份适用一股一票制，高于这一水平的股份适用一百股十票制。

尽管这样的探索还在继续，而且还引发了不小的争论，但我仍要提出一个与本书主题相关的投票建议：不仅根据股东的持有时间增加投票权（如时间加权投票），而且根据股东持有特定公司股票的相对集中度增加投票权，我把这种方法称为"高质量投票法"。

■ 高质量投票法

高质量投票法是对时间加权投票法的完善，这种方法不仅考虑了股东的持有时间，还考虑了股东坚定的信念。也就是说，高质量投票法能使长期持有大量股份的股东获得额外的投票权。

股份可根据公司的具体情况以多种方式衡量，最常用的是特定公司的股票在股东投资组合中所占的比例。一些公司可能希望使用长期跟踪优质股东的研究人员创建的衡量标准。投资者信念的一个代表性变量是投资组合高度集中于某一公司的股票。

特定公司的股票在其投资组合中的占比为1%—5%的股东每股可获得2票，占比超过5%的股东每股可获得3票。时间加权投票法隐含着这样的假设，股东持股时间越长，则投票质量越高，承担更大风险的股东也具有这样的优点。

假设投资组合集中度在不同的持有期内随机分布，将持有期和集中度结合起来考虑可知，持有期短和不集中的股东群体仍然掌握33票，而持有时间最长和最集中的群体将拥有199票。表13.1显示的是时间加权投票规则下的持有期效应，表13.2增加了集中度效应。

表13.1　时间加权投票法

持有期和倍数	正常票数	时间加权票数
不足1年相当于1倍	33	1倍相当于33
1~3年相当于1倍	33	1倍相当于33
超过3年相当于3倍	33	3倍相当于99

表13.2　高质量投票法

投票权	持有期倍数	集中度倍数
无	不足1年相当于无增加	小于1%相当于无增加
小增	1—3年相当于1倍	1%~5%相当于2倍
大增	超过3年相当于3倍	大于5%相当于3倍

任何投票结果都将由持有时间长和集中度高的股东组合决定。为了说明结果，我们把倍数应用于前述的例子中，即一家公司发行了99股流通股，每33股的持有期和集中度各不相同，表13.3列出了最终的结果（本例中的倍数分别为1

倍、2倍、3倍，倍数的变化幅度比较大，在探索阶段，运用如此大幅度的倍数变化可能会让人感到不适。公司可自行设置更适合的倍数，例如1、1.33、1.66倍，甚至1、1.2、1.4倍）。

表13.3　综合考虑集中度和持有期的投票权

集中度/持有期	小于1%无增加	1%~5%相当于2倍	大于5%相当于3倍
不足1年相当于无增加	33	66	99
1~3年相当于2倍	66	132	165
超过3年相当于3倍	99	165	198

注：阴影区域列出的是给定集中度和持有期的票数。

高质量投票法的一个显著优势是，公司可以在不改变现行法律和监管规则的情况下采用和调整此投票法。另一个优势是，公司可根据董事会和股东的意见设计方案细节，根据需要适时调整。每家公司都必须权衡采用这种方式的成本和收益。

采用这种方法的行政管理负担可能很重。一个问题是，大多数美国股票是以存管代理人而非最终所有者的名义持有的，这使得确认股权集中度的任务变得异常复杂。涉及的记录和计算可能很烦琐，特别是那些通过多个基金进行投资的大型机构，包括由债券、股权和其他证券组合的各类基金。

事实上，公司就常常以管理过于复杂为由解释他们不再使用时间加权投票法的原因。采用忠诚加权投票法会增加成本，特别是在记录的保存和核验方面。例如，持有期不是一个固定的时间指标，而集中度也可能随着时间的推移而变化。

另一方面，从机构投资者公布的文件中很容易了解他们的持股情况，而且可以通过相关法律要求的披露和联邦反欺诈规则进行核实。对于这些股东，可选择给予增强型投票权，具体要看公司对已核验的股东申请书的确认。

公司法允许在得到股东批准的情况下进行此类投票。要使用此类投票法，可能要放弃现行的证券交易所上市标准。可以把纽约证券交易所对投票规则变更所做的限制理解为允许上市公司为采用时间加权投票规则而修订章程。更具开创性的是，投票规则可以通过投资组合而非特定的公司来衡量股东的质量。优质股东就是优质股东，即使他们是第一次购买公司的股票。至少在最初可以根据投资者过去的平均持有时间或集中度增加投票权。

通过把披露责任转移给股东，这种简单的投票方法可立即适用于所有股东，包括个人股东。任何希望行使股份权力的优质股东都需要向公司秘书提交相应的资质证据。秘书可制定统一的规则，说明哪些证据符合条件，并制定标准化的核验程序。

从长远来看，自动化技术的发展可能会大大减少行政管理负担。追踪技术的进步，特别是以区块链工具为基础的数字账本的使用，有望使高质量投票的管理工作变得更加容易。各州法律现在准许公司使用这些工具维护股东名单，在Overstock.com网站的引领下，一些公司已开始采用这些工具。

在高质量投票规则下，长期持有大量股份的激进股东往往会获得更大的权力。在多年的争斗中，激进股东的投票权有所增加，而且随着时间的推移，他们手中掌握的票数也会增加。这两点都会吸引激进股东，管理者虽然能看出与此相关的成本，但他们也清楚，这类激进股东比其他股东更有耐心，因而能产生相对收益。

今天需要股东们投票表决的事项比以往任何时候都多，他们的声音比以往任何时候都更有影响力。然而，他们可能有不同的兴趣点，这解释了众多投票方案出现的原因。鉴于有研究证实了坚定地长期持有股票对投资者具有的价值以及高质量投票法的潜在好处，更多的公司应该尝试这种方法。

尾声：把指数型股东和激进 股东转变为优质股东

本书写作可能恰逢市场在紧要关头。现在，指数机构成为了美国企业界主导性的力量；技术创新，尤其是人工智能的发展，使短线投资变得日益频繁，激进股东的影响力与日俱增。近几十年来，随着这三大股东群体的崛起，优质股东的数量不断减少，但现在也许正是他们大有可为的时代。

任何股东群体都不能否认优质股东发挥的重要作用，他们是决策咨询人、建设性的批评者、长期经营的支持者、资本配置效率和商业价值的最终裁决人。即使是指数机构的拥趸也赞赏他们发挥的作用，而且这些拥趸相信，指数型股东决不会积极地从事这些活动。即使是激进股东最热心的拥护者也知道，仅靠激进股东无法履行足够的监督责任。还有一些人认为，只注重短期效益的思维方式不是什么大问题，因为有大量的长期股东存在。

我最大的愿望是，本书呈现的内容除了对优质股东和希望吸引优质股东的公司有益外，还能对其他人有益，包括指数型股东、激进股东，甚至是短期持有型股东。毕竟指数型股东具有巨大的威力，即使他们稍微重视一下优质股东所关注的问题，他们也可能对美国企业界产生巨大的积极影响。希望他们能参加年度股东大会、阅读致股东的信、与公司管理层互动、了解公司的资本配置状况，并帮助公司确认优质董事及支持其工作，希望他们不再只依据一般的治理准则行事，也不再实施消极的控制。

许多激进股东已经认可了这些原则，事实上，许多激进股东也是优质股东，一些优质股东的想法也很激进。本书传递的信息将引起他们的共鸣，理想的情况下，可能会转变一些激进股东的理念。因此，值得强调的一点是，很少有股东只具有某一群体的特征。大多数的大型指数基金机构会提供像优质股东那样管理的基金，最大的优质股东家族也提供一些指数型产品。在许多出色的优质投资机构里也设有活跃的交易平台，也从事快速的套利交易。

总之，优质股东群体为公司和其他股东以及整个市场都带来了巨大的价值。❶公司管理者不断谋求得到他们应得的股东，而且大多数人都应得到高密度的优质股东。

---

❶ 一些相关的问题包括：能否鼓励短期投资者减缓交易？削减季度预测和季度财报会议有意义吗？不平滑报告数据会不会导致投资者着眼于多个季度、多个年份看问题而不是着眼于最近一个季度或最近一年看问题？
指数机构可以接受资本配置方面的培训吗？他们能够对特定公司的资本配置进行评价吗？指数机构是否能抛弃对董事属性的僵化、笼统、抽象的表述，更多地关注经验、判断、智慧和具体的公司特征？
重提鼓励加长持有期的投票规则会有帮助吗？高质量的投票是否会改变指数机构的看法，让他们变得更加专注？机器人程序员和人工智能的开发者应该比CEO挣得更多吗？真到了那个时刻，是该高兴还是绝望呢？

$\mathcal{A}_{ppendix\ A}$

附录A　寻找优质股东的研究方法和优质公司名单

优质股东喜欢约翰·梅纳德·凯恩斯说过的一句至理名言：近似正确总比完全错误好。今天，任何试图从规模庞大的机构投资者群体中识别出优质股东的尝试都适用这个道理。可靠的选择必定取决于客观的标准和主观的要求。以下是对本书采用的方法的总结，包括对原始实证研究的详细说明。

为了与序言中所述的简单选择标准和提出的问题相呼应，寻找优质股东及其投资对象的最初研究旨在确认：在长期内投资一直高度集中的股东以及此类股东高密度的公司。

然而，说起来容易做起来难，因为度量这些特性的方法很多，需要我们做出相当多的判断。例如就确认优质股东而言，可通过计算时间长度（如平均持有期或平均投资组合周转率）和集中度（比如对某一指数的偏离程度或者在投资组合中的头寸量）等方法来确认。在确定时间长度时，必须在1年、3年或5年中做出选择，在确定分界点时，必须就前20%或者前25%做出选择。异常情况也需要处理，比如那些参照指数集中长期持有股票的股东。

可以通过研究各个股东的投资组合确认吸引此类股东的公司。除了费力之外，这种方法存在的一个固有问题是，如何区分特定的股东—公司关系，因为一些股东在投资期限和集中度两方面的一般性排名都很靠前，但对于特定的公司，他们的排名则很靠后，反之亦然。一些投资者往往短期持有某公司的少量股份，但永远长期持有其他某些公司大量的股份。

也可以采用更直接的方法来识别优质股东密度比较高的公司。比如，针对特定的公司，可以用低周转率表示股东的耐心，即用股票交易数量与流通股数量之比或者股票交易额与股票市值之比来表示。利用这一指标筛选出一份股东名单，再利用该名单确认每家公司持有期长的大股东。

然而，股票周转率忽视了股东的分布情况，股东基础差异极大的公司，他们的股票周转率可能相同。例如，一家公司的股东耐心程度都一般，而另一家公司的股东中，一半股东特别有耐心，一半股东特别无耐心。另一方面，将股票周转率与平均持有期相结合能估计出高周转率或低周转率股票的百分比，进一步探究可以确定给定年份卖出公司100%股份的股东比例。

撇开统计数据不谈，优质股东是依据经验和声誉来识别的。读者可能会罗列出不少这样的投资者。事实上，管理者和投资者也能意识到什么样的政策和做法对这些投资者具有吸引力。然而，直觉可能是靠不住的，可能存在行为问题，如显著性偏见以及所想与事实之间存在巨大的偏差。因此，最好的方法是把数据和直觉相结合，做出以规则为约束、以原则为基础的判断。

令人欣慰的是，针对某些公司运用这样的方法要简单得多。每家公司都有其独特的背景，包括现有的股东基础、特殊的历史和目标。这些细节信息可以启示我们什么样的股东值得吸引，什么样的股东值得培养。事实上，他们还可以启示我们，哪些公司政策可能会吸引这些股东，哪些政策对特定的公司有效。

■ 最初的实证研究

寻找优质股东的原始实证研究采用了反向操作法，我们首先把潜在的被投资股票进行了分类，然后将投资每一类股票的股东进行了分类，找出了优质股东最密集的股票类型。剔除了小型和无经验的股票发行人（市值低于11亿美元和数据不足9个季度的公司）后，我们依据机构兴趣和财务绩效指标选择了一些公司，如下所述。在这些公司中，我们运用多因子排序模型（稍后将介绍）确定了在机构投资组合中占比最高、被持有时间最长的股票的发行公司名称。为方便起见，选出的这2070家公司可见坎宁安的优质股东密度排行榜。

公司魅力因子

品质：我们以四个因子的加权和建立了一个确定股票季度排名的纯定量指标。这四个因子是：（1）业绩——如风险调整后的夏普和索提诺比率、股本回报率和资本回报率；（2）风险——波动性、下行标准差、负收益月比例、最大回撤（1年、3年和5年）；（3）上行捕获率——正收益月比例和股票收益超过年度预期收益的比例；（4）交易量——以已发行股票的倍数表示的交易量（季度和年度）。

机构股东情况：股票的机构所有权结构依据四个因子进行排名：（1）机构的广度——持有该股票的机构投资者的数量（为了管理数据，我们排除了规模较小的机构，只考察资产管理规模至少为10亿美元的机构投资者）；（2）机构的集中度——每个机构的平均所有权百分比和股票的机构赫芬达尔—赫希曼指数（HH指数）；（3）机构的吸引力——已发行股的累积机构权重和机构投资者的投票权百分比；（4）机构交易量——给定季度和年份机构对该股票的交易水平和交易百分比。

分析：对于每个指标，把股票按季度从最高值（100）到最低值（1）排列。季度排名表示的是股票在当季的地位，以上述8个指标季度平均值的总和为依据。股票的总排名是20个季度排名的加总，总排名最高的股票在5年的窗口期内位列股票排行榜首位。

股东集中度和信念因子

投资组合市场份额：投资组合占其基础市场的百分比，计算为季度投资组合资产管理规模除以其投资的所有股票的总市值。高市场份额可能意味着：（1）就给定数量的股票而言，资产管理规模相对较大；（2）就给定的资产管理规模水平而言，股票数量相对较少；（3）就给定的资产管理规模和股票数量而言，对大公司的投资集中度相对较高。较高的投资组合市场份额意味着对投资组合中被投资方的集中和控制。投资组合的市场份额越大，其排名越高。

投资组合信念：这是一个由3个子指标组成的复合指标：（1）投资组合中的股票在发行公司的平均投票权；（2）投资组合中拥有大份额所有权的股票的数量（占市值的0.1%或以上）；（3）投资组合中的股票总数。投资组合信念衡量的是投资组合经理对其基本持股的信任和投入程度，计算为（1）投资组合的平均投票权和拥有大份额所有权的股票比例（2和3）的乘积。所得值越高，说明经理对投资组合的信念越坚定。

投资组合集中度：投资组合的相对集中度，计算为投资组合市场份额、平均每股资产管理规模和拥有大份额所有权的股票比例的乘积。所得值越大，说明投资组合集中度排名越高。

投资组合影响力：投资组合对其持股的公司或更广泛市场具有的潜在影响力，计算为投资组合市场份额、每股资产管理规模和投票权比例的乘积。相对而言，这三个标准化指标的乘积越高，投资组合的影响力就越大。投资组合影响力被构造成了两个独立的矩阵，其均值大小决定了其排名的先后。

投资组合持股质量：利用我们在股票分析步骤（稍后描述）中生成的股票排名列表确定投资组合中排名前五分之一的股票的集中度。投资组合持股质量是投资组合中集中度排名前五分之一的股票的比例与投资组合对这些股票的平均所有权比例的乘积。投资组合持有质量越高，投资组合的排名就越高。

股东耐心和持久性因子

交易噪音：投资组合总交易额与其绝对净交易额的比率。1.00是最小值，表明净交易额和总交易额相同。比率大于1.00意味着交易策略不太客观。为改进度量，我们将该比率乘以季度投资组合交易量。以长期为导向的投资组合每季度的交易额和交易量都比较低，排名越低表明投资组合越稳定。

投资组合周转率：以美元表示的投资组合总交易额与其资产管理规模之比。杠杆投资组合和以交易为导向的投资组合具有较高的周转率，周转率高说明高质量投资较少，反之亦然。投资组合周转率越低，其排名越高。

交易额的影响：衡量投资组合的交易活动对市场的影响，以投资组合市场份额和投资组合周转率的乘积表示。较大的投资组合市场份额加上较高的投资组合周转率可能会扰乱整个被投资方的市场，从而降低投资组合持股的质量。较大的投资组合市场份额和较低的投资组合周转率说明市场较为稳定。通过这个指标确认具有较大市场份额、周转率较低的投资组合，以这一指标的倒数进行排序，排序越高，说明该投资组合越稳定、影响力越大。

投资组合的波动性：投资组合内各个部分的变化率和变化幅度，以投资组合内股票的阶段标准差和总体标准差来表示。变化频繁表明交易活跃，集中性低。投资组合的波动性越低，其排名越高。

股东的筛选条件

股东的筛选条件：（1）在美国或加拿大注册和运营的机构投资者；（2）2014—2018年发布了季度报告；（3）资产管理规模至少为11亿美元❶；（4）大部分资金投

---

❶ 虽然没有明确给出资产管理规模数据，但我们利用相关信息计算出了每个13F文件申报者各个季度投入的资本。利用经理的身份证号码和持股信息，我们将每位经理的季度持股（持有的股份乘以股价）相加，计算出了季度资产管理规模。为便于管理这些数据，我们舍弃了一些资产管理规模较小的经理的数据，保留了年均资产管理规模（特定年份的季度资产管理规模之和除以四个季度）超过10亿美元的经理的数据。

资于公司股权；以及（5）排除公开的指数基金、激进基金和私募股权基金。

优质股东

位列优质股东榜前20名的投资者有伯克希尔·哈撒韦公司、蓝色港湾公司（Blue Harbour）、利瑞可资产管理公司、盖茨基金会、贝克兄弟（Baker Brothers）、维京环球（Viking Global）、州立农业保险公司、淡马锡控股、资本研究全球投资者、包普斯特财务管理集团（Baupost Group）、斯科匹亚资本（Scopia Capital）、矩阵资本（Matrix Capital）、信托管理公司、孤松资本、斯托克布里奇合伙公司（Stockbridge Partners）、东南资产管理公司、肯西科资本（Kensico Capital）、格伦维尤资本、坎蒂隆资本（Cantillon Capital）、易瑞典资产管理公司（Iridian Asset Management）。

在他们的投资组合中，占比达到2%及以上的股票共有300只。其中，有20只股票的名字在不同的投资组合中出现了两次以上，有38只出现了两次，如下表所示。

	雅培公司	埃森哲	欧特克
出现两次（部分）	伯克希尔·哈撒韦	陶氏杜邦	艺康集团
	埃克森美孚公司	联邦快递公司	投资者银行（Investors Bank）
	自由媒体公司	联合技术公司	沃尔玛公司
出现三次	艾尔建	安瑟姆公司（Anthem）	布肯控股（Booking Holdings）
	博通	可口可乐公司	星座集团（Constellation Brands）
	易贝	英特尔	万事达卡公司
	奈飞公司	标准普尔全球	权斯迪格姆公司
出现四次	阿里巴巴	赛默·飞世尔公司	联合健康集团
出现五次	亚马逊	维萨	
出现六次	脸书	微软公司	
出现九次	阿尔法贝特（Alphabet）		

■ 补充研究

初始研究为本书的讨论提供了坚实的基础，后来开展的各种研究又进一步补充和证实了初始研究。

调查：确认优质股东密度的一种方法是，向熟悉同行和竞争对手做法和历史的优秀投资者做调查。要确认能吸引优质股东的公司，也可向杰出的投资者关系方面的专业人士做调查，他们也能提供许多有价值的信息。

一些杰出的投资者在其面向优质股东的著述中也使用了调查法，例如1984年巴菲特发表的著名文章《格雷厄姆和多德维尔的超级投资家们》（*The Superinvestors of Graham and Doddsville*）、2005年哥伦比亚大学法学教授路易斯·洛文斯坦发表的续篇及鲍波斯特集团的塞思·克拉曼对后者的评论，许多其他描述杰出投资者的书籍也采用了这一方法。这些研究提到的杰出投资者包括勇士顾问公司（Brave Warrior）、菲尔·费雪、红杉基金、首领公司（Chieftain）、格伦·格林伯格（Glenn Greenberg）、娄·辛普森、戴维斯精选顾问公司、格林内尔学院（Grinnell College）、东南资产管理公司、第一鹰全球基金、约翰·梅纳德·凯恩斯、特威迪·布朗公司、第一曼哈顿公司、查理·芒格、拉尔夫·万格（Ralph Wanger）、托马斯·罗·普莱斯（Thomas Rowe Price）。

以伯克希尔为基础进行的探究：伯克希尔·哈撒韦的股东名单是寻找优质股东的好地方，我们从集中度高的伯克希尔股东开始。有250位股东的投资组合中含有至少5%的该公司股票，而且这些股东几乎都持有了该公司股票几十年的时间。为了使搜索变得易于管理和有意义，我们要选出一个适宜的样本或投资规模，例如持股比例最大的20位股东或者持股额超过2.5亿美元的股东。审视他们的投资组合，找出他们长期集中投资的其他公司，最后审视这些公司以确定其他集中持股的长期股东。我们将得到一组可信赖的优质股东和吸引他们的公司的名单。集中持有伯克希尔股票的长期股东包括阿克瑞资本、第一曼哈顿公司、洛德资本（Lourd Capital）、切克资本（Check Capital）、加德纳·罗索 & 加德纳公司、马克尔公司、科特兰顾问公司（Cortland Advisors）、吉维尼资本（Giverny Capital）、红杉基金管理公司、戴维斯精选顾问公司、全球禀赋（Global Endowment）、韦奇伍德合伙公司（Wedgewood Partners）、道格拉斯·温思罗普公司（Douglass Winthrop）、格瑞林投资公司（Greylin Investment）、韦茨投资管理公司（Weitz Investment Management）、鹰资本（Eagle Capital）、科维茨公司（Kovitz）、埃弗雷特·哈里斯公司（Everett Harris）、李·丹纳 & 巴斯公司（Lee, Danner & Bass）。

伯克希尔·哈撒韦公司的股东长期集中投资的其他公司有雅培、信用承兑公司、马克尔公司、埃森哲、丹纳赫公司、雀巢、阿尔法贝特、费尔法克斯金融、奥莱利汽车公司（O'Reilly Automotive）、亚马逊公司、强生公司、联合利华、车美仕公司（CarMax）、自由媒体公司、富国银行、星座集团、罗维斯公司。

交易数据：以股票交易量与流通股数量之比或股票交易额与股票市值之比确定拥有耐心股东的公司。我们既计算了标准普尔500这类覆盖范围较小的指数的成份股公司数据，也计算了罗素3000这类覆盖范围较大的指数的成份股公司数据，还计算了几乎所有上市公司的数据。我们也审视了不同期限（1年、3年和5年）的数据结果，得到的结果与以伯克希尔为基础的探究结果存在很多重叠。以下是标准普尔500指数成份股中截至2018年第三季度的一年内股票交易量最低的39家公司的名单有伯克希尔·哈撒韦公司、查尔斯·施瓦布、罗林斯公司（Rollins）、阿尔法贝特、史赛克公司、福迪威公司（Fortive）、贝莱德集团、诺思罗普·格鲁曼公司（Northrop Grumman）、埃森哲、强生公司、富国银行、艺康集团、可口可乐、美国运通公司、通用动力公司、沃尔玛、联合太平洋、美世集团（Marsh & McLennan）、礼来公司、埃克森美孚公司、PPG工业公司、辉瑞公司、3M、洛克希德·马丁公司、雅培公司、罗珀科技公司（Roper

Technologies）、百时美施贵宝公司（Bristol-Myers Squibb）、维萨公司、甲骨文公司、微软、PNC金融服务集团、摩根大通集团、思科公司、空气化工产品公司、百事可乐、丹纳赫、宝洁公司、联合健康公司、财捷公司。

以下是从罗素3000指数成份股中选出的耐心度排名前五分之一的公司：海岸公司（Seaboard Corporation）、恩斯塔集团、格雷厄姆控股、维西地产（VICI Properties）、费尔法克斯金融、自由环球公司、伊瑞保险公司（Erie Indemnity）、马克尔公司、阿勒格哈尼资本公司、布鲁克菲尔德地产公司（Brookfield Property）、星座集团、西普瑞思公司。

其他研究：一个简单的方法是从其他已发表的实证研究中找线索，可根据具体的公司特征，比如规模或所处的行业进行相应的搜索。相关的研究很少按类型分列股东，一般是通过分析综合性数据来解决更宽泛的问题。但也有例外，例如在最近发表的一项研究中，作者在分析不同的股东对既定的公司风险和市场定价产生的影响时，以表格的形式分列了优质股东和短期持有型股东。下表列出了这两类股东的名单。

顶级优质股东	顶级短期持有型股东
伯克希尔·哈撒韦公司	AIM公司
资本研究&管理公司 （Capital Research & Management）	投资者研究公司
詹尼森合伙公司 （Jennison Associates）	杰纳斯公司 （Janus）
富达管理研究公司 （Fidelity Management & Research）	普特南公司 （Putnam）
哈里斯合伙公司（橡树基金）	马尔西科资本管理公司 （Marsico）
州立农业保险公司	奥本海默公司
东南资产管理公司	瑞银华宝 （UBS Warburg）
威灵顿管理公司	

其他数据：研究人员克雷默斯和帕里克创建了一个涵盖所有机构投资者的13F数据集，包含了1980年以来各个季度每位股东的集中度（以偏离指数的程度衡量）和平均持有期数据。在这个庞大的数据库中，集中度前五分位的临界值是0.9，平均持有期是2年。

集中度的中位数是79%，研究人员将低于60%的归类为秘密指数基金。平均持有期的中位数为1.166年（14个月），底部五分位数值为0.483（7个月）。持有期近年来虽然有所增加，但相对而言非常稳定。

集中度分数超过0.96的股东通常与特殊目的有关，例如投资组合以单一股票为主的基金会【好时信托（Hershey Trust）、休利特基金会（Hewlett Foundation）、礼来基金会（Lilly Endowment）】、在上市子公司拥有大量永久股权的公司【洛维斯公司、穆迪国家银行（Moody National Bank）】以及具有此类过渡性股份的私人股份公司（阿波罗资本、阿瑞斯资本、贝恩资本、托马斯·H.李合伙公司、通用大西洋、太平洋金融公司）。

从这两个分界点的前四分位（不包括基金会和持有一只或几只股票的私募股权基金）数据中，选择一个相关的时间段，例如最近5年，去掉重复的名字，并根据进入季度排行榜的次数将剩余的名字排列，共得到195个名字，这是一张优质股东名单。这一名单与采用其他方式得到的名单存在大量重叠，以下是该名单中的部分公司：艾伦控股（Allen Holding）、第一太平洋、蒂姆库安（Timucuan）、比斯莱特管理公司（Bislett Management）、卡恩兄弟集团（Kahn Brothers）、威廉·瑞弗斯公司（W. H. Reaves）、戴恩·法尔布·斯通（Dane Falb Stone）、斯利普·扎卡里亚公司（Sleep, Zakaria & Co.）、华莱士资本、DF登特公司（DF Dent）、东南资产管理公司、沃特街公司（Water Street）、费尼莫尔公司（Fenimore）、斯皮思·索森公司（Speece Thorson）、温特格林公司（Wintergreen）、信托管理公司。

其他资源：一些网站为我们的分析提供了有用的数据。如火箭金融网站

（Rocket Financial）每季度汇编更新后的13F文件。该网站将生成的股东名单和投资者的投资组合信息以数据列的形式呈现出来，这些数据可以用各种方式进行排序，也可以下载到电子表格中进行进一步的操作，包括计算集中度。该网站按时间顺序列出了以往的季度报告，这便于我们计算股东持有期。

Floatspec网站处于孵化期、开发者还未把它出售给PJT合伙公司时我就已经在使用它提供的服务了。其应用程序可为用户完成此类工作，并以摘要的形式呈现结果。输入公司或基金名称后，该网站会显示他们的简要资料和排名，如基金周转率和股东类型。其中一项是根据营业额和集中度对前25%的股东做出的排名，由此得到的名单与采用伯克希尔方法和前面讨论的方法所得到的名单存在大量重叠。以下是部分名单：亚里士多德资本、勃艮第资本（Burgundy Capital）、李·丹纳&巴斯公司、亚特兰大投资公司（Atlanta Investment）、道格拉斯·温思罗普公司、VA集团伦敦公司（London Co. of VA）、巴罗·汉利公司（Barrow Hanley）、费尔霍姆、马维斯塔公司（Mar Vista）、贝克·麦克和奥利弗公司、富兰克林互助银行（Franklin Mutual）、云杉林公司（Sprucegrove）、博若德·瑞恩公司（Broad Run）、格林布赖尔公司（Greenbrier）、特威迪·布朗公司、布朗兄弟哈里曼（Brown Brothers Harriman）、杰克森国民公司（Jackson National）。

自我评价：确认优质股东的另一种方法是观察投资者对自己及投资风格和投资追求的看法。

以公司为中心：每家公司都可以审视自己的股东名单并评估股东组合状况，包括指数型股东、短期持有型股东、优质股东以及其他类型的股东。重大的收购或高管继任等特殊事件发生时股东基础的变化可能具有特殊的意义，我们能从中观察到股东观点的多样性，以及这些事件是否吸引或排斥了特定的股东和股东类型。本书对华盛顿邮报公司向格雷厄姆控股公司转型期间以及卢卡迪亚与杰弗里斯合并后股东基础的演变进行了讨论，标准普尔资本财智（S＆P

Capital IQ）2000年以来的上市公司数据为这些讨论提供了有益的启示。

具体的杠杆：关于具体的公司政策或做法，我们研究了2070家公司的各种公开数据与他们按优质股东的相对比例做出的排名（优质股东密度排名）之间的关系，得出的结论在全书均有展示。

例如，我们评估了各种具体的公司做法与优质股东密度排名的关系，包括在产品品牌方面保持强有力的领导地位、在商业圆桌会议上签署有关企业宗旨的使命陈述、发行双重股权、提供极低（名义上）的CEO薪酬，以及由不同的人担任CEO和董事会主席或由一人兼任这二职。

共性的问题是，这些公司做法是否能吸引优质股东。说得具体一点就是，遵循（或不遵循）某种做法的公司在优质股东密度排行榜中出现的比例是否比较高（或比较低）。例如，如果遵循（或不遵循）给定做法的公司平均分布于优质股东密度排行榜单中，那么就不能断定二者之间存在关联，但是，如果遵循（或不遵循）给定做法的公司主要位于优质股东密度排行榜比较靠前的位置（例如有50%的公司位于前10%），则可断定二者之间存在关联（但不能根据这些数据断定二者存在因果关系）。表A.1总结了本书在探讨二者的关系时引用的一些统计数据。

需要注意的是，这些数据集的确定方法与创建优质股东密度排行榜的不同。例如，优质股东密度排行榜涉及的样本公司有规模（市场估值最低为12亿美元）、类型（如排除了房地产信托投资基金）、上市时间（至少4年）和公司所在地（美国和加拿大）的限制。相比之下，比对数据是以各种不同的方式生成的。例如：

- 在商业圆桌会议上签署有关企业宗旨的使命声明的公司、包括非上市公司；

- 双重股权调查针对的是罗素3000成份股公司；

- CEO象征性薪酬数据是从近10年来上市公司提交的全部文件中搜集整理得到的。

表A.1　公司政策与优质股东密度排行

名义变量	总样本数量	在优质股东密度排名中的数量	在优质股东密度排名中的百分比	在优质股东密度排名中的数量			在优质股东密度排名中的百分比		
				前10%	前25%	前50%	前10%	前25%	前50%
品牌	38	36	95%	13	27	35	36%	75%	97%
兼任董事长和CEO	245	234	96%	66	132	197	28%	56%	84%
德鲁克原则	150	141	94%	39	76	119	28%	54%	84%
CEO	174	140	80%	37	79	105	26%	56%	75%
商业圆桌会议	183	135	74%	34	74	109	25%	55%	81%
分任董事长和CEO	229	216	94%	37	92	184	17%	43%	85%
双重股权	225	135	60%	15	41	86	11%	30%	64%
低薪酬	26	22	85%	2	6	14	9%	27%	64%

因此，当把这些数据与优质股东密度排行榜进行比较时你会发现，前一组只有部分公司出现在了后一组的榜单上，但这并不意味着没有出现在榜单上的公司就没有优质股东。另外要注意的是，对于各类数据，本书各章节的解释要比上面的概述充分得多。

■ 进一步的解释

在有关企业战略的书籍和研究中，我们常常能发现这样的问题：作者为了推断出想要的建议或方法，会过度强调过去的成功和相应的做法。通常情况下，作者围绕一个主题选择十几个成功的案例，找出它们的共性，然后根据这些共性开出"处方"。这样做的出发点是好的，但却忽视了因果关系。成功可能不是由共性引起的，而只是因运气或偶然事件导致的。

以本书为例，我找出了优质股东密度相对较高的数家公司，观察了他们的共性，然后建议其他公司采用他们的做法，还建议投资者关注他们。然而，一些共性可能与股东基础关系不大，或者根本就没有关系，股东基础可能受到了随机或偶然因素的极大影响。尽管这样的说法看似有些牵强，但我们可以采用两种方法弥补本书的不足。

第一，不选择成功的公司，而是选择失败的公司：不能吸引优质股东的公司也存在共性，这是不争的事实。即使是成功的公司也不一定能吸引到优质股东，这可以从一系列研究结果中看出来。本书的研究也显示出，即使是优质股东密度排名在前四分之一的公司也有大量的指数型股东和短期持有型股东。换言之，考虑到目前的股东基础状况，即使是那些尽了最大努力的公司也无法吸引大量的优质股东（另一种方法是寻找那些不具有这类共性但却得到了优质股东青睐的公司，这样的公司也肯定存在。例如像脸书这类在过去10年里实力和规模大增的科技公司，他们吸引了大量的优质股东，这可能是由于他们经营的业务具有极大的经济性，而不是由于他们具有本书中所描述的任何做法）。

第二，我们从过去的成功中汲取经验教训时要注意上述的批评带给我们的启示。诸多因素叠加在一起共同发挥作用，其中有一个因素肯定是运气，那么，策略和运气哪个作用更大呢？我们可以通过关注叠加效应更明显但其他因素显然比运气发挥了更大作用这一主题来解决这个问题。

成功地吸引优质股东需要多个因素发挥作用，既有理念方面的因素，也有实践操作方面的因素，这些因素同时发力，体现在股东的参与、企业的调整和董事会的敬业等各个方面。但是，对公司而言，我们建议的都是安全的做法，产生不利影响的风险有限。实施它们的成本也很低，我们对其效果进行过保守的估算，采用它们能显著提升公司的吸引力，同时不会给公司造成伤害。

■ 优质股东和相关公司名单

根据前面的描述和解释，我们列出如下表所示的完整的个人和机构优质股东以及吸引他们大量投资的公司的名称。

个人类优质股东		
查克·阿格拉 （Chuck Akre）	英格丽德·亨德肖特	比尔·鲁安
安迪·布朗 （Andy Brown）	梅勒迪·霍布森 （Mellody Hobson）	汤姆·鲁索
克里斯·布朗 （Chris Browne）	欧文·卡恩 （Irving Kahn）	费耶兹·萨罗菲姆
沃伦·巴菲特	约翰·梅纳德·凯恩斯	沃尔特·施洛斯 （Walter Schloss）
苏珊·伯恩 （Susan Byrne）	塞思·克拉曼	约翰·邓普顿爵士
斯尔必·戴维斯 （Shelby Davis）	芭芭拉·马辛 （Barbara Marcin）	约耳·提灵何 （Joel Tillinghast）

个人类优质股东		
大卫·德莱曼 （David Dreman）	比尔·米勒 （Bill Miller）	汉斯·乌特施 （Hans Utsch）
菲尔·费雪	约翰·奈夫 （John Neff）	拉尔夫·万格
格伦·格林伯格	托马斯·罗·普莱斯	马蒂·惠特曼 （Marty Whitman）
罗伯特·哈格斯多姆 （Robert Hagstrom）	罗伯特·罗勃迪 （Robert Robotti）	梅丽尔·韦蒂玛 （Meryl Witmer）
梅森·霍金斯 （Mason Hawkins）	查克·罗伊斯 （Chuck Royce）	

企业类优质股东		
阿科资本	E.S.巴尔公司 （E.S. Barr）	马维斯塔公司
阿克瑞资本	鹰资本	马萨诸塞金融服务 公司
亚瑞投资公司 （Ariel Investments）	富达	矩阵资本
亚里士多德资本	信托管理公司	迈德利·布朗公司 （Medley Brown）
阿蒂森合伙公司 （Artisan Partners）	芬德利·帕克投资公司	姆拉兹·阿梅林公司
亚特兰大投资公司	第一曼哈顿公司	纽伯格公司 （Neuberger）
艾文尼公司 （Avenir Corp.）	第一太平洋公司	波伦资本 （Polen Capital）
百利·吉福德公司	富兰克林互助银行	红杉基金管理公司
贝克兄弟	加德纳·罗索&加德纳公司	斯科匹亚资本
巴伦基金 （Baron Funds）	吉维尼资本	斯利普·扎卡里亚公司
巴罗·汉利公司	基金史密斯	斯米德资本 （Smead Capital）

（续表）

企业类优质股东		
鲍波斯特集团	哈里斯合伙公司 （橡树基金）	东南资产管理公司
贝克·麦克和奥利弗公司	哈特福德基金 （Hartford Funds）	斯皮思·索森公司
蓝色港湾公司	霍奇基斯&威利公司	云杉林公司
博若德·瑞恩公司	易瑞典资产管理公司	州立农业保险公司
布朗兄弟哈里曼公司	杰克森国民公司	斯托克布里奇合伙公司
勃艮第资本	卡恩兄弟公司	普信集团公司
坎蒂隆资本	肯希科资本	淡马锡控股
资本研究&管理公司	克林根斯坦·菲尔兹公司	特威迪·布朗公司
资本世界投资者公司	拉斐特投资公司	威廉·瑞弗斯公司
雪松岩资本合伙公司	李·丹纳&巴斯公司	华莱士资本
戴维斯精选顾问公司	VA集团伦敦公司	沃特街公司
DF登特公司	长景公司 （Longview）	韦奇伍德合伙公司
钻石山投资集团公司 （Diamond Hill）	洛德资本	韦茨投资管理公司
道奇·考克斯公司	利瑞可资产管理公司	威灵顿管理公司
道格拉斯·温思罗普公司		

吸引优质股东的公司		
3M公司	雅培公司	埃森哲咨询公司
空气化工产品公司	阿勒格哈尼资本公司	阿尔法贝特（谷歌）公司
亚马逊公司	阿美科公司	美国电塔
安瑟姆公司	汽车王国公司	伯克希尔·哈撒韦公司
百时美施贵宝公司	布鲁克菲尔德地产公司	美国第一有线电视公司
第一资本金融公司	车美仕公司	丘吉尔·唐斯公司
高乐士公司	可口可乐公司	星座集团
星座软件公司	信用承兑公司	皇冠控股公司
丹纳赫公司	都福公司	恩斯塔集团
费尔法克斯金融公司	通用配件公司	格雷厄姆控股公司
荷美尔食品公司	伊利诺伊工具公司	英特尔公司
强生公司	金佰利公司	自由媒体公司
罗维斯公司	马克尔公司	美世集团
万事达卡公司	微软公司	莫霍克工业公司
晨星公司	雀巢公司	奈飞公司
NVR公司	奥莱利汽车公司	百事可乐公司
PNC金融服务集团 （PNC Financial）	宝氏控股	宝洁公司
前进保险公司	罗珀科技公司	海岸公司
宣伟公司	天狼星卫星广播公司	得州仪器公司
赛默·费雪公司	权斯迪格姆公司	联合利华公司
联合技术公司	威瑞信公司 （Verisign）	沃尔玛公司
白山保险集团有限公司 （White Mountains Insurance）		

Appendix B

附录B 优质股东使命陈述精选 ❶

　　本附录摘录了一些投资者的使命陈述，这些投资者无一例外都是优质股东，在以持有期和集中度这两个统计指标为依据的排行榜中名列前茅。当然，他们的持有期和集中度各不相同，一些是集中于整个投资组合中，另一些是集中于投资组合内核心的10支或20支股票，其他投资则更加多元化。一些投资者的这两个指标值始终非常高，而另一些投资者则在连续的时间段内高位波动。

　　所有这些股东在多年里都获得了可观的投资回报。总之，这些股东都重仓持有本书中讨论的公司的股票。粗略地估计，他们管理的资产规模有大有小，持仓的时间和规模也不尽相同，因此出现了大量的样本。

　　摘录是逐字逐句的，大多数来自公司网站、致股东的信或提交给美国证券交易委员会的文件，省略的文字不一定以省略号或其他标点符号表示，为了与本书风格保持一致，一些段落标题有所更改。

　　在选择过程中，我浏览了排名前20的基金机构的ADV表格2A部分，也浏览

---

❶ 改编自劳伦斯·A.坎宁安、托克尔（Torkell）和帕特里克·哈格里夫斯（Patrick Hargreaves），《优质投资：长期拥有最出色的公司》（*Quality Investing: Owning the Best Companies for the Long Term*），本书的合著者是伦敦阿科资本公司的投资者。

了持有期和集中度排名前100的基金（优质股东）的这些内容，如附录A所述。我还查阅了所有此类基金机构的网站，查询了有关他们投资和参与方式的、体现优质股东思维形象的代表性描述。

一些优质股东更愿意公开自己的观点，而另一些则相当隐秘。事实上，有相当多优质股东的网站只有客户/员工登录页面。这样的基金（及其掌舵者）包括包普斯特财务管理集团（塞思·克拉曼）、坎蒂隆资本【威廉·冯·穆弗林（William von Mueffling）】、孤松资本【大卫·门德尔（David Mandel）】和矩阵资本【大卫·戈尔（David Goel）】。

还有一些著名的优质股东只简短地描述了其投资理念，这些描述对我们了解其概貌用处不大。例如，盖茨基金会公布了关于投资理念的概括性描述，指出投资由不具名的专业人士管理，而比尔和梅琳达则礼节性地参与投票。

附录B中涉及的公司的名单如下：

阿科资本

百利·吉福德公司

布什—奥唐纳投资顾问公司（Bush O'Donnell Investment Advisors）

资本研究和管理公司

雪松岩资本合伙公司

戴维斯精选顾问公司

信托管理公司

第一曼哈顿公司

基金史密斯公司

加德纳·鲁索 & 加德纳公司

拉斐特投资公司

利瑞可资产管理公司

鲁安·坎尼夫 & 戈德法布公司

东南资产管理公司

斯托克布里奇合伙公司

普信集团公司

■ 阿科资本（资产管理规模：150亿美元）

看重长期：经营企业要着眼于长期。产品开发需要数年时间，赢得客户的信任和开拓新市场及扩大市场份额可能需要更长的时间。我们寻找的是能体现长期愿景的企业文化以及与我们一样追求长期价值创造的公司。这类公司理解成本效率的重要性，但注重长期可持续的增长和资本回报。

重视资本回报率而不是季度收益：很容易通过削减成本的方式实现短期盈利目标，通过积极的收购来实现收入增长目标。我们更喜欢那些开发差异化的客户利益、以价值为基础定价的公司，以及那些将资本配置于研发和广告业务的公司。尽管媒体和分析师关注的是季度每股收益，但我们青睐的是优先考虑资本回报率的公司，因为他们会创造复利价值。总的来说，我们也喜欢那些以资本回报率来衡量业绩并将该指标与激励性薪酬挂钩的公司，不只是对高层，而是对整个组织的人都这么做。

家族所有权：经久不衰的家族企业通常会避免过度使用杠杆，他们会利用留存收益而不是通过发行股票来实现增长。当然，家族企业失败有时是因为第二代或第三代管理者的信心和能力不匹配导致的。但是，区分家族所有和家族经营的企业很重要，研究结果往往证实了我们的这一直觉：家族所有的企业文化更符合高质量投资的标准。

克制：优秀的管理者耐心地、严格地投资于有机增长，他们有毅力抵制以"转型"收购（通常是破坏价值的）来实现快速增长的诱惑。无节制的收购狂潮往往预示着管理层的虚荣，我们并不把这种虚荣与优质公司相联系。体现长期思维的还有审慎的资产负债表和逆周期投资。优秀的管理者会尽量减少贷款，并把危机转化为机遇。

坚韧：优秀的管理者始终不渝地致力于实现企业的长期愿景。劳斯莱斯民用航空部门的历史很好地体现了这一点。1987年私有化后，劳斯莱斯一直坚持为宽体飞机开发成本高昂的特伦特（Trent）发动机。20世纪90年代，在连续两任总裁的领导下，该公司制定的愿景是先销售出更多的发动机，然后通过销售根据发动机运行小时数定价的持续服务来创造经常性收入。虽然一些短期股东批评该战略的实施成本过大，但管理层的远见卓识和不懈坚持让优质股东获得了巨大的收益。

■ 百利·吉福德公司（资产管理规模：1000亿美元）

我们不是被动型投资者，不认为当前的股价体现了公司未来的前景。即使可以利用超级计算机和复杂的算法，我们也不相信投资决策只能依靠数字做出。被动的管理者自有其优点，如提供低成本的市场准入，一般来看，他们比主动型管理者能提供更好的售后服务。然而，他们几乎不会向创新型公司配置资本，尽管许多主动型管理者也是如此。

我们也不是典型的主动型管理者，我们认为这个词的含义已经被简化了，已变成一种笼统的概括性描述了，这对投资者非常无益。许多基金经理认为"主动"就意味着"活跃"，就意味着与指数基金的做法不同，他们操纵了这个词的含义。现实情况是，这些基金经理的"活跃"更多的是为了显示自己比其他投资者精明而不是为了创造性地配置资本，而且把"主动"管理定义为与指数基金不同的管理方法，这样的界定从一开始就是错误的。这正是大多数主动型投资者的收益在长期内无法超越被动型投资者的原因，他们甚至不想做基本的投资工作。

有些人把主动管理整体的失败作为接受被动型管理的理由。但我们把它视为一个机会，我们可以借此重新确立我们投资的最初目的：把客户资本配置到真实的、能产生回报的活动中。我们认为，重新界定就是"实际的投资"。

我们相信，我们的投资方法不仅能为客户带来最好的结果，而且有助于培养卓越的公司，满足人们的需求，最终造福于整个社会。负责任的长期投资与客户的业绩并不相悖，相反，二者存在固有的联系。

■ 布什—奥唐纳投资顾问公司（资产管理规模：少于10亿美元）

我们秉持低波动的长期投资理念，力求为客户保值增值。我们投资于盈利增长率稳定（年增长率为9%~11%）的公司。我们的投资比较集中，一般投资于15~20只美国本土的大市值和中等市值普通股。我们认为，这样的风格足以消除投资组合中的大部分特殊风险（过度集中于单一证券），而且可以对投资组合管理施加严格的约束（我们规定，单只股票的占比最高为12%）。我们的投资期限很长，投资组合周转率低，平均每年为15%。

■ 资本研究和管理公司【资本集团公司（Capital Group companies, Inc.）的全资子公司，资产管理规模：2万亿美元】

以下四条展现了我们特有的投资理念：

扎实的研究是正确的投资决策的基础：资本研究和管理公司聘请了经验丰富的分析师团队，他们定期收集有关全球市场和公司的最新详细信息。

投资决策不轻率：除了提供覆盖面广的研究服务外，我们的投资专家还不遗余力地确认公司的基本价值与其市场价格之间的差异。

着眼于长期：我们的投资专家会审视我们所投资的公司的大局，会对他们进行长期投资，这一点可以从我们管理的基金投资组合持股的低周转率看出来。此外，我们的投资专家通常会在本公司工作很多年，他们的报酬与投资结果挂钩。

资本体系：资本研究和管理公司使用多个投资组合经理系统管理大多数账户和基金资产。采用这种方法，一个基金或账户的投资组合被划分为若干部分，由各位经理管理，这些经理决定各自部分的投资方式。此外，资本研究和管理公司的投资分析师可以就部分基金或客户投资组合做出投资决策。随着时间的推移，这种方法有助于促进投资结果的一致性和管理的连续性。

■ 雪松岩资本合伙公司（资产管理规模：120亿美元）

我们的投资方法是：购买并持有我们认为其价值能在长期实现增长的公司的股票。我们的投资标准强调质量、价值和管理特征。我们对高质量业务的定义为：在不需要财务杠杆的情况下能维持其运营资本的高回报，而且能将其超额现金流的一部分进行再投资并获得高回报。我们认为，当这些公司标准化的超额现金流（以与公司股票市值的比率计算）高于长期利率时，他们就极具投资价值。

我们投入了大量的精力来评估公司管理者的诚实度、可信度以及他们是否有能力为股东提供较高的回报率、是否有能力对公司现金流进行再投资。我们的标准定得很高，我们的投资组合一般集中于全球大约20家公司。我们轻而易举地降低了相对于任何国家、地区或全球性股市绩效指数的波动性。然而，我们希望，我们对品质和价值的重视能在长期产生令人满意的绝对和相对收益。

■ 戴维斯精选顾问公司（资产管理规模：400亿美元）

管理层：一流的管理团队造就了一流的企业。他们通常站在所有者的立场上思考问题，他们从战略层面和运营层面考虑自己的决策产生的影响，他们高效地配置资本，他们以在整个市场周期内实现股东价值最大化为目标管理风险。我们将管理层视为合作伙伴，并高度重视那些在行动中表现出非凡的智慧、活力和正直诚信的管理者。

企业：最好的长期投资目标通常是那些历史悠久、管理良好的企业，他们在经济繁荣时期蓬勃发展，而且有足够的财力抵御恶劣环境的挑战。我们寻求投资于那些能够从产品和服务（不容易过时）中产生充足的自由现金流、能获得高额的资本回报或提高资本回报的企业，而且在理想的情况下，我们要能从这些企业的长期发展中受益。

护城河：资本往往流向回报率最高的企业。因此，即使是最强大、管理最完善的企业，也必须不断建立和保持强大的竞争优势，这样才能维持其优越的经济效益。为了在整个市场周期内最大限度地增加客户资本的获利机会，我们强烈倾向于投资拥有广泛（且不断增加的）竞争护城河的企业。护城河可能包括全球公认的品牌、在不断壮大的市场中占据主导地位或不断增长的份额、优越的盈利模式、精益的成本结构、独特的分销优势、独有的知识产权等。

■ 信托管理公司（资产管理规模：240亿美元）

我们以所有者的心态进行投资，我们会彻底调查企业的经济状况和管理团队的素质。

我们的投资方法从本质上看是逆向的，我们投资的是身处困境或暂时不被市场看好因而定价不甚合理的公司。我们的投资目标是以低于其内在价值的价格出售的持久性商业特许经营权。

我们相信，我们折价收购优秀公司的投资策略将会使我们的股东在整个市场周期内获得优异的风险调整后收益。

■ 第一曼哈顿公司（资产管理规模：250亿美元）

企业：我们为客户买入的是企业，而不是一张张的股票。在我们做出决策之前，我们对每项投资都做了广泛的研究。我们预期的持有期很长，通过研究我们要确认，这些企业经营的业务是明白易懂的，他们的管理层是强大的，他们的长期盈利记录良好，他们所处的行业环境有利，能够实现持续的增长。

质量和价格：作为以价值为导向的长期投资者，我们认为投资前需要开展基本的研究，需要进行全面的以核算为导向的财务分析，需要做出正确的判断。我们寻求投资的是价格有吸引力和投资价值被低估的企业。由于突发性问题导致市场反应过度，这些公司的交易价格往往低于其内在价值。

选择性：我们的目标不是复制广泛的市场，相反，我们想拥有一批精选出的公司，这些公司有可靠的股东价值创造记录。我们寻找能够产生强劲现金流、负债水平（相对于其行业）合理、管理层能以股东乐见的方式配置资本的公司。

持有：为了减低应税客户的资本利得税税负，我们尽力减少投资组合的变化。为此，我们希望投资于那些基础业务强大且明白易懂、竞争性定位领先、未来的增长通道较长的公司。我们希望长期持有这些公司的股票，使我们的客户能够长期获得复利收益。

■ 基金史密斯公司（资产管理规模：180亿美元）

关于成本：基金史密斯公司无意经营一只被动管理型或指数型基金，我们的经营模式与其相去甚远。但是，以买卖股票的形式进行的投资活动存在摩擦成本，主要表现为佣金和交易商收取的买卖差价。我们把这些成本降得越低越好。

关于竞争对手：耶鲁大学管理学院的学者最近运用主动投资比率指标研究发现，2003年，美国主动投资比率比较低的"主动管理型"共同基金（"亲指数型基金"或"秘密的指数基金"）约占所有资产的30%，而在20世纪80年代，这一比例几乎为零，而且这类基金的调整后基准收益率很低，扣除各项费用后更低。

在基金史密斯公司，我们永远不会讨论跟踪误差。跟踪误差衡量的是投资组合偏离其基准指数的程度。事实上，我们接受跟踪误差，我们想偏离基准，当然是以主动管理的方式。因此，我们不希望我们的所有者被迷惑，不希望他们认为跟踪误差是个问题，甚至不希望他们认为跟踪误差是一个值得思考或讨论的问题，它不值得浪费任何时间。

大多数基金经理持有了太多公司的股票，这除了让他们的业绩跟踪指数（投资指数基金能以更低的成本实现这样的业绩）外，也使他们很难坚定地投资于他们持股的公司。想想看，你对你投资组合中的第80家公司有多少了解呢？

大多数基金管理集团也管理着大量的基金。我们有这样的想法不足为怪：许多基金管理集团的策略是，为每一种可能的投资技术和每一种新时尚发行一只新基金，他们希望至少有一些基金能侥幸获得成功，而大众不会注意到那些不成功的基金。

读者可能会注意到，我们的基金名字很简单：基金史密斯股票基金，从名称中看不出它是成长型基金还是收入型基金。我们的营销顾问非常希望我们能在基金名称中加入"收入"或"股利"两个字，因为收入型基金的销量显然超过了成长型基金。我们没有遵循这一建议，因为我们认为，收入和成长之间的区别是人为造成的。

买入并持有：我们的目标是成为买入并持有的长期投资者，我们只想持有那些在未来几年内价值不断增长的股票。因此，我们必须非常慎重地挑选股票。我们认为，我们与沃伦·巴菲特一样，并非每天都能萌生出一个绝妙的投资想法，甚至不是每年都能如此。因此，我们应当把我们的投资生涯视为一张有轨电车的车票，一旦乘完20次车它就没用了。这是我们能够萌生出的绝佳投资创意的数目，也是我们能以合理的价格进行投资的数目，也是我们能把交易的摩擦成本降至最低的数目。

优质企业：能够维持以现金计算的高运营资本回报率的企业是优质企业。有趣的是，投资者寻找利率最高的银行存款（正如冰岛银行的储户所发现的那样，必须通过风险实现必要的平衡）或购买我们这样收益率的基金时，他们对这个概念一点也不含糊，但他们在评估公司时就失去了理智，他们会开始谈论每股收益的增长和其他不合理的指标。每股收益并不等同于现金，而且更重要的是，它没有考虑投入的资本或从中获得的回报。

保守的杠杆运用：我们只投资那些不靠融资而获得高资本回报的公司。这些公司很可能有合理的负债，但他们不需要靠举债来经营。

可迅速恢复的业务：复原力的一个重要因素是对产品过时的抵制力，这意味着我们不会投资于那些受日新月异的技术创新影响的行业。

对基准持疑：在足够长的时间内，您肯定会希望根据一系列基准（现金、债券、股票和其他基金的业绩）来评估我们的业绩，为助您一臂之力，我们将提供对比结果。然而，我们不认为在短期内与其他资产价格或指数的变化进行比较有意义，因为我们不试图提供短期业绩。需要注意的是：在我们眼里，即使是一年也是比较短的期限，在商业或投资周期中没有以一年作为时间基础的。事实上，它是地球绕太阳一周所需的时间，因此它在天文学领域比在投资领域更有用。

保守的多样化：我们确实寻求投资组合的多样化，但遵循严格的投资标准必然使我们的投资组合集中于20~30家公司。我们并不担心由此带来的集中风险，因为有研究表明，可以用20只股票实现近乎最优的多样性。

与管理层的会面和数据分析：我们更乐于分析数字，不太喜欢通过与管理层会面的方式来深入了解公司。我们拟通过对公司财务结果的审视发现具有投资潜力的公司，即回报率高、现金流合理、业绩稳定的企业。

这并不是说我们不与管理层会面。评估管理层是否履行了忠实管理的职责，是否根据所有者的利益行事，是否如实告知了公司的状况而不是为了给投资者留下好印象而大做表面文章，这些方面都很重要。这并不意味着我们只关注管理层是否重视"股东价值"。为使资产负债表看起来"有效率"（有时效率过高，导致公司破产），太过依赖激进股东提出的简单目标，例如每股收益的增长和返还资本，往往会对股东造成长期的损害。

切记这一点：我们是大型上市公司的小投资者，而不是拥有控股权、能够控制管理层的私人股本投资者。为了确保管理层的决策符合公司的长期利益，尤其是涉及我们重视的资本配置和管理层薪酬决策时，我们会与管理层进行接触。但是，当管理层表现不好或不合情理时，我们的主要制裁措施就是不再持有其公司的股票。

■ 加德纳·鲁索&加德纳公司（资产管理规模：150亿美元）

方法：我们了解公司经营状况的方式包括，分析公司的财务信息、参加年度股东大会、参加行业会议和分析师会议以及在适当的场合与公司管理层接触。我们评估其自由现金流的产生、特许经营权的可持续性、收益、定价能力以及管理质量。

买入并持有：我们希望持仓多年，我们非常熟悉持有的每一笔资产，因此我们有信心长期持有它们，而且我们能够把低周转率的好处传递给我们的客户，例如把税负和交易成本降至最低。长期持有会增强投资者的企业所有者心态，把他们的注意力从短期噪音中转移出来。短期噪音会分散投资者对长期价值创造的注意力。

承诺：持仓量最大的股票在投资组合中的占比一般为10%左右。我们相信，这样的投资组合具有合理的多样性，同时又能践行我们花大量时间和精力得到的最佳投资理念。

护城河：要吸引我们的注意力，一家公司必须具有独特的特点。其业务的竞争优势必须体现为经营的稳定和增长，一般以可持续的长期资本回报率和不断产生的自由现金流来衡量。公司必须由一个团队来管理，而且该团队拥有良好的运营和分配自由现金流的历史记录。

所有者文化：公司还必须具备能为长期价值创造提供氛围和激励的企业文化。这意味着管理层在日常经营中运用的是最有效的"家族企业"管理模式（目标是长期积累财富而非短期获利，乐于主动维护企业的声誉价值，对企业及其所在行业有深入的了解）。

毅力：我们希望投资于那些有能力再投资的公司，这些公司由具有股东意识的团队管理，管理层有能力承受华尔街的反对，同时能将大量资金投入到旨在实现未来增长的项目中，但这些投资往往会对近期的利润产生不利的影响。

集中：投资组合集中可能意味着，当我们投资的公司不受欢迎时，他们的市值会暂时下降。然而，市场情绪导致的股价下跌并不一定与公司的经营前景黯淡有关。因此，我们不希望追随着当前的泡沫而从一个行业转入另一个行业。相反，我们更愿意耐心地等待市场重新认可企业的内在价值。

尽管如此，这可能意味着，与大盘相比，我们的投资组合可能出现周期性的欠佳表现。我们投资的公司也是如此，他们的利润可能令人失望，但我们对他们内在价值增长能力的长期信心不一定会下降。由于我们核心头寸的权重可能会大大增加，我们投资组合的业绩可能会受到市场情绪的影响，然而，我们认为，市场情绪对我们投资的长期潜力没什么影响。

长期：作为富有耐心的投资者，我们会等待市场认可我们投资组合内股票的内在价值。事实上，我们买入股票时支付的价格低于其内在价值的幅度越大，我们在投资组合中积累的未实现财富就越多。不受共识以及季度和年度目标的制约对实现我们的长期目标至关重要。

■ 拉斐特投资公司（资产管理规模：少于10亿美元）

我们生活在激进股东风头正盛的时代。为了应对这种趋势，企业应该吸引支持管理层愿景的、有见识的长期股东，这似乎是合情合理的做法，问题是如何做到这一点。任何称职的CEO都知道我们这样的投资者想听到什么，所以投资者要更深入地寻找管理层为股东的利益而行事的确凿证据。为了吸引适宜的股东，我们建议企业：

（1）写一封坦诚的致股东的信；（2）确立薪酬制度，激励方式要正确，要足够简单，只需用委托书的几页篇幅便能将相关信息展露无遗；（3）终止盈利预测；（4）尽量减少股票期权；（5）只在股票价格便宜时开展回购；（6）召开利于保持与股东友好关系的年度股东大会；（7）如果必须每季度召开一次会议，那么就要尽可能直截了当地处理棘手的问题；（8）取消报告调整后的收益；（9）查看内部人士出示的公开购买股票的证据；（10）提出长期愿景，每年进行更新；（11）对资本配置的优先顺序有清晰的安排。

业务基础扎实并有证据表明其行为符合上述大多数条件的公司，基本上都能吸引像我们这样的股东。

■ 利瑞可资产管理公司（资产管理规模：70亿美元）

我们是基本价值投资者。在全面分析的基础上进行优质的价值投资是利瑞可资产管理公司的特点……虽然诱人的估值至关重要，但它不是我们投资时唯一考虑的因素。我们只会投资优质公司，我们寻找的是我们相信能产生可观的资本回报的企业。我们寻求复原力强的企业，即债务水平合理、增长迅速、利润率较高、管理层能力强、能灵活应对商业周期各个阶段挑战的企业。我们对品质的严格追求使我们避免投资周期性很强的公司，避免投资基本材料和大宗商品以及受监管的公用事业公司。

我们只投资于我们能彻底分析和全面了解的公司。某些企业由于经营的复杂性或不透明性不适合进行基本面分析，例如银行、制药、生物技术和高科技企业，我们避免投资于这类企业。我们相信，对公司的分析越深入全面，做出的投资决策越正确。

■ 鲁安·坎尼夫&戈德法布公司（资产管理规模：250亿美元）

我们已经进行了近50年的长期投资，历经多个市场周期、多位投资组合经理和几代领导人。多年来，我们执行战略的方式不断演变，但指导我们做出判断的价值投资基本原则从未改变，也永远不会改变。

注重品质：我们拥有优质的企业，他们由能够迅速提高利润的高素质人士经营。我们以企业所有者的心态长期持有这些公司的股票，我们买入它们的价格比保守的商人还要便宜。我们专注于最佳的投资目标，同时避免过度集中。

着眼于长期：我们认为，以不同寻常的长远眼光进行投资会使我们从不可预测的领域进入可理解的领域。

保持企业所有者的心态：我们不相信目标价格。我们知道价值处于一个范围之内，即使是思维缜密的分析师也难以确定价值的精确值。我们对再投资风险也很敏感，物美价廉的好公司很难找到。如果每当公司的价格达到公允价值时我们就它他们卖掉，那么我们可能很难再找到其他的投资目标，同时还要承担费用风险。交易和税收都产生了实实在在的成本，带来了实实在在的影响，即使它们与总回报相比不大明显。我们的长期观意味着，驱使我们交易的是经营结果而不是价值套利。

了解我们持股的公司：阅读公司文件和数据只是我们研究的起点。我们从各个角度调查公司，就像一位有魄力的记者一样脚踏实地开展基础研究，我们为此感到骄傲和快乐。我们把大部分时间用于这类广泛的基础研究。

我们很挑剔：我们对引领了一个市场或主导了一个利基市场的公司以及那些远远优于一般水平的公司给予极高的评价。大多数时候，优秀企业的股票在市场上的交易成本都很高。我们会等待和利用难得的时机，以低于其内在价值的价格买入，这是对安全边际这一最重要的投资理念的践行。我们的小规模投资组合与标准普尔500指数或任何其他指数几乎没有相似之处。事实上，我们的前十大投资通常占我们投资组合价值的60%以上。评估我们的长期业绩时可以参考标准普尔500指数，但它与我们构建投资组合的方式没有任何关系。

■ 东南资产管理公司（资产管理规模：450亿美元）

品质：我们投资于明确易懂的、财务健全的、具有竞争力的、有充足自由现金流的、不断成长的强大企业。他们由优秀的人士经营，即诚实守信、技术高超的经营者和资本配置者，这些人专注于增加每股价值，而且激励他们的因素与激励股东的一致。

长期：我们寻求利用短期市场情绪。我们是长期投资者，而不是交易商或投机者，我们根据企业客观的内在价值进行长期投资，投资期限至少为5年。

集中：我们在全球选取18~22家最能体现我们投资理念的公司构建我们的投资组合。这样的投资组合集中却不失多样性，我们可以抓住最佳机会最大限度地提高收益和减少本金损失。

伙伴关系：我们的投资团队将我们投资组合涉及的公司的管理团队和董事会视为合作伙伴，我们与他们精诚合作，确保为股东带来最大的长期价值。

■ 斯托克布里奇合伙公司（资产管理规模：25亿美元）

在公共证券市场上，我们偏向于长期投资，关注盈利可持续和不断成长的优质公司。我们能够忍受短期波动，在很多情况下，我们将价格波动视为机遇而不是风险。

长期：这一点也许是最重要的，即我们的投资焦点长期不变。毫无疑问，我们是富有耐心的投资者，我们愿意等待我们的投资结果显现，不会因企业暂时在市场上"失宠"而感到沮丧。

集中：我们把长期投资的理念应用于集中的投资组合，因为我们希望我们的投资组合能体现我们最佳的投资理念。只有经过了我们的深入研究并提供了令人信服的长期回报后，一家公司才能进入我们的投资组合。

互动：我们采用了深入研究、密切监测和与管理层积极对话的互动方法。

■ 普信集团（资产管理规模：1万亿美元）

我们是长期投资者，我们的投资着眼于长远，因为运行良好的资本市场和大量优质的投资机会对我们的投资流程、客户和公司的未来发展至关重要。我们是经验丰富、以基本面为导向的投资者，多年的观察促使我们对股东激进主义形成了自己的看法。我们的核心原则是：

　　我们相信，每一次激进主义运动都意味着一系列独特的条件出现，它们结合起来为公司的发展创造出一个转折点。作为公司的投资者，我们有责任实事求是地评估每一次运动的状况。

　　我们相信，与外部各方相比，公司的管理团队对业务有更深入、更全面的了解。因此，管理层对公司各种机会的评估应得到一定的尊重。

　　我们采用严谨、主动的投资方式，我们能识别出可在长期创造可持续价值的公司，并能支持和投资于这类公司。无论是公司还是激进股东，都无力垄断能产生价值的伟大创意。因此，我们认为，公司管理层及其董事会应表现出开放、求知和诚实的态度，认真对待达成共识的价值创造理念，即使这些理念源自公司外部。

　　在激进主义运动中，我们做决策时会着眼于长远，我们的目标是确定哪条道路可能提高公司可持续的长期绩效。

　　在激进主义运动中，我们确定最佳行动方案的唯一标准是看该方案是否符合客户的长期利益。在竞争激烈的选战中，我们会独立做出投票决策。我们不会聘请外部人士代表我们与公司接洽，我们不允许与公司有商业利益的人（例如与客户打交道的员工）参与任何与激进主义运动有关的讨论或决策。尽管我们是机构股东服务公司的委托人，我们委托他从事与代理相关的研究，但我们并不会遵从他给出的与代理权争夺战有关的建议。

Acknowledgments

致 谢

　　感谢优质股东这个群体，他给了我一生享用不尽的灵感和支持，特别是其领袖沃伦·E.巴菲特，在过去的20多年里，他对我的许多文章和书籍都给予了宝贵的支持。在这一群体中，有许多人是我的朋友和同事，他们帮我形成并践行了本书中的理念。

　　感谢优秀的股东和其他精明的读者，他们对本书全部或部分内容做出了有益的评论，包括：乔纳森·博雅、帕特里克·布伦南、兰迪·塞普奇、托克尔·艾德、尼古拉斯·乔治科普洛斯、英格丽德·亨德肖特、马克·休斯、阿曼达·卡滕、史蒂夫·基廷、安德鲁·马克斯、霍华德·马克斯、艾伦·莫里森、大卫·姆拉兹、菲尔·奥德韦、威尔·潘、史蒂夫·罗斯、安德鲁·里亚斯科夫、迈尔斯·汤普森以及哥伦比亚大学出版社聘请的3位匿名同行评审专家。

　　许多杰出的管理者给了我莫大的启迪，感谢阿勒格哈尼公司的乔·布兰登、信用承兑公司的道格·巴斯克、海科公司的查尔斯·费布理肯、马克尔公司的汤姆·盖纳、华盛顿邮报公司和格雷厄姆控股公司的唐·格雷厄姆、杰弗里斯公司的里奇·汉德勒、阿勒格哈尼公司的韦斯顿·希克斯、西普瑞思公司的罗

217

伯特·基恩、四方财产信托公司的比尔·勒纳汉、星座软件公司的马克·莱昂纳德、保险再保险公司的凯文·奥唐纳、信用承兑公司的布雷特·罗伯茨、卢卡迪亚国民公司的乔·斯坦伯格和费尔法克斯金融公司的普雷姆·瓦萨。

在收集和分析数据方面，要感谢乔治华盛顿大学的戴维·邓普顿、阿曼达·卡坦（使用标准普尔资本财商数据）、Floatspec网站的克里斯托弗·弗里德、圣母大学的马丁·克雷默斯和内华达大学的安克尔·帕雷克、范德比尔特大学的兰德尔·托马斯、康涅狄格大学和火箭数据系统公司的保罗·博罗钦及乔治华盛顿大学的阿伯德阿拉赫·阿布阿尔里什。

感谢其他人在管理、研究等各个环节给予我的帮助，包括我在乔治华盛顿大学的行政助理安妮·伊泽基洛娃，她工作非常出色。感谢乔治华盛顿大学图书馆的研究人员、吉亚·阿尼和洛里·福萨姆，感谢乔治华盛顿大学复印中心的史蒂文·利特尔和他勤勉的团队。

感谢乔治华盛顿大学提供的经济支持，特别是给了我研究休假。感谢纽约大学图书馆、纽约玩家俱乐部和华盛顿哥伦比亚特区宇宙俱乐部给予我的空间和资源方面的支持，在这些地方我完成了大量手稿。

最重要的是，感谢我的妻子斯蒂芬妮·库巴，她是我最棒的编辑、最亲密的朋友，是我一生的挚爱，也是我的秘密武器。她逐字逐句审读了每一稿的内容，还提供了许多巧妙、睿智的建议。感谢我们两个可爱的女儿贝卡和莎拉，她们是我无尽的灵感之源。我在这个项目上花了3年的时间，我的家人给了我深切和持久的支持，对此我感激不尽。她们就是我的超级明星，我要把本书献给她们。

劳伦斯·A. 坎宁安

纽约阿默甘西特

2020年5月

更富有、更睿智、更快乐

世界顶尖投资者是如何在市场和生活中实现双赢的

作　者：（英）威廉·格林

ISBN：9787515365718

定　价：79.00元

出版社：中国青年出版社

作者简介

　　威廉·格林，一流媒体作家，曾为美国和欧洲的许多出版物撰稿，包括《时代》《财富》《福布斯》和《经济学人》等。格林在伦敦出生和长大，在牛津大学学习英国文学，并在哥伦比亚大学获得新闻学硕士学位。

内容简介

　　此书介绍了沃伦·巴菲特、查理·芒格、约翰·邓普顿、霍华德·马克斯等40多位投资大师的投资智慧。在分享与众多投资大师深入接触的日常故事中，作者威廉·格林总结出了投资大师的为人处世之道，也发现了这些一流的投资名家的共同点。他们都是：

　　长期主义的践行者；

　　擅长忍耐的纪律奉行者；

　　冷静又坚韧的投资者。

成长股的投资之道

如何通过只买入最好的公司持续获利

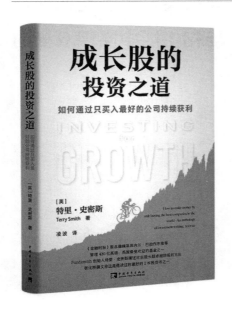

著者：（英）特里·史密斯
ISBN：9787515365619
定价：69.00元
出版社：中国青年出版社

管理430亿英镑、英国备受欢迎的基金Fundsmith创始人特里·史密斯阐述可实现长期卓越回报、买入并持有高品质公司的方法。

《金融时报》前总编辑莱昂内尔·巴伯作序推荐。

张化桥读过的最好的2本投资书之一。

内容简介

　　本书是英国备受欢迎的基金Fundsmith创始人、知名基金经理特里·史密斯的著作，包含了他2010—2020年的投资文集以及致股东的信。

　　很多人喜欢将原本简单的投资复杂化。而史密斯提出，成功的投资，其实只需买入最好的公司。作者揭穿了关于股票投资的很多谬误，并阐述了让他实现长期卓越回报的投资策略——成长股投资。他将其概括为简单的三个步骤："买入好公司，不要支付过高价格，然后什么都不做。"他眼中的好公司有两个标志：1. 以现金的形式产生高资本回报率；2. 将至少部分现金以高资本回报率进行再投资，为增长提供资金，从而实现强大的价值复合增长。在年度致股东的信中，作者解释了他如何执行这个策略，依次审查了每个步骤的执行情况，披露了对基金业绩贡献排名前、后五位的十只股票，并对其和整个投资组合进行了分析。

　　以其标志性的犀利、智慧，史密斯揭示了高品质公司是什么样的，如何找到它们（以及如何发现冒充者），同时阐明了：为什么要淡化市盈率，看重已动用资本回报率；为什么大多数股票回购实际上是破坏价值；为什么不要尝试市场择时；投资的十大黄金法则；环法自行车赛对于投资的启示；价值投资策略的缺陷……

　　秉承其成名经典著作《为增长而做的会计处理》风格，作者以严谨的分析，对投资中一些重要主题展开了讨论，带领读者经历一次开阔视野的阅读之旅，获得宝贵且实用的投资洞察。任何一个投资者的书架没有这本书，都是不完整的。

价值投资的十项核心原则

成为聪明投资者的工具与技巧

作　者：[英]詹姆斯.蒙蒂尔

ISBN：978-7-5153-6010-2

定　价：69.90元

出版社：中国青年出版社

上架建议：股票投资

　　蒙蒂尔基于长期金融实践经验，结合丰富的投资案例与行为心理学的知识，揭示了现代投资组合理论存在的缺陷，阐明价值投资才是唯一经过实践检验、能为投资者创造长期可持续收益的投资策略，并提炼出价值投资的十项核心原则。

　　作者还分享了：判断深度价值投资机会的十个标准;判断企业基本面的C值方法；投资者的认知偏差与非理性决策行为，以及克服情绪干扰的方法；如何恰当地思考估值与风险；如何避免成长型投资的风险;如何成为一个逆向投资者；如何规避价值陷阱等内容。

　　本书分享了经检验有效的技巧，提供了最前沿的工具，帮助你构建理性投资的思考框架，巧妙避开价值投资的"黑暗面"，成为一名与投资群体有着不同思维、行为的聪明投资者，并在险象环生的资本市场中获得盈利。

现代价值投资的安全边际

为慎思的投资者而作的
25个避险策略和工具

作　者：[荷] 斯万.卡林
ISBN：978-7-5153-5868-0
定　价：59.00元
出版社：中国青年出版社

上架建议：股票投资

　　价值投资领域是存在差距的。本杰明.格雷厄姆于1949年出版了《聪明的投资者》，随后这本书出版了多个版本，直至1972年；赛思.卡拉曼于1991年出版了《安全边际》一书。自格雷厄姆的杰作出版已经过去了70多年，而卡拉曼做了同样的事情也有30年了。因此，当今的读者需要一本现代书籍来分析我们所处的金融环境发生的所有变化。

　　而作者出版此书的宗旨正是帮助人们实现他们的财务目标。那么有一种方法就是通过投资教育。在本书中，作者试图帮助投资者开发强大的投资思维和技能，使读者能够做出更好的投资决策并寻找更好的投资组合。